Seres terroríficos a
GANCHILLO

Seres terroríficos a
GANCHILLO

40 patrones de adorables amigurumis de monstruitos,
criaturas mitológicas y muchos más

Rikki Gustafson

Fundadora de Crocheted by Rikki

Librero

Título original: *A Crochet World of Creepy Creatures and Cryptids*

© 2026 Librero b.v. (edición española)
Hambakenwetering 8B,
5231 DC 's-Hertogenbosch,
Países Bajos
www.librero.nl

Publicado por primera vez en 2022 por Page Street Publishing Co.
Publicado en colaboración con Page Street Publishing Co.

Copyright © 2022 Rikki Gustafson

Diseño del libro y de la cubierta: Laura Benton para Page Street Publishing Co.
Fotografía: Becca Blevins

Producción de la edición española:
Traducción: Míriam Torras para Delivering iBooks & Design
Redacción y maquetación: Delivering iBooks & Design, Barcelona

Distribución exclusiva de la edición española:
Librero IBP S. L.
C/ Paseo de los Olmos, n.º 20
Planta 1.ª, oficina 7
28005 Madrid, España
www.librero-ibp.es

Printed in Guangzhou, China GGDP012026
ISBN: 978-94-6499-260-1

Este libro está dedicado a todos aquellos que estén
pasando por un mal momento. La primera vez que cogí
una aguja de ganchillo fue durante un periodo difícil,
y quiero que sepa que me cambió la vida.
Desde entonces, no la he soltado, y nunca me he sentido
mejor. Espero que los patrones de este libro le ayuden
a levantar cabeza y den alas a su creatividad.

CONTENIDO

INTRODUCCIÓN

¡Hola, amigos!

No sé cómo expresar con palabras lo mucho que me alegra que este libro haya llegado a sus manos. Me he dedicado en cuerpo y alma a estos diseños y me emociona poder compartirlos con todo el mundo. ¡En estas páginas hay 40 patrones de amigurumis! La mayoría de los libros de ganchillo contienen unos 20 como mucho, cosa que indica lo especial que es este. Mi intención no era hacer un libro con patrones de pequeñas y sencillas labores. Quería diseñar cosas muy muy chulas, cosas que nadie hubiese creado nunca a ganchillo. Era todo un reto convertir criaturas increíblemente complicadas y grotescas en algo que cualquier tejedor pudiera llevar a cabo, ¡y me satisface anunciar que lo conseguí!

Investigué a fondo sobre estas criaturas estudiando lo que el saber popular nos cuenta de su aspecto, y luego me las ingenié para confeccionarlas a mi manera. Si busca imágenes de referencia, no tardará en darse cuenta de que son seres complicados y a menudo poco agraciados. He hecho absolutamente todo lo posible para hacerlos monos, tiernos, al estilo chibi, de manera que cuando la gente vea incluso al más horrendo de todos en versión ganchillo diga: ¡oooooh!

Si no conoce mi trabajo ni a mí, todo lo que necesita saber es que me apasiona crear cosas que la gente quiera conservar para siempre. Siento que esta es mi misión en la vida, y espero que estos patrones puedan ayudarle a confeccionar cosas que los demás (¡o usted mismo!) quieran guardar durante generaciones. Me encantaría que compartiera sus proyectos terminados en Instagram etiquetándolos con #creaturesandcryptids para que podamos ponernos en contacto.

¡Diviértase con el ganchillo!

Rikki

Rikki Gustafson

TÉCNICAS

En los apartados siguientes, le hablaré de las principales técnicas que suelo utilizar, como determinar la tensión, utilizar diferentes hilos y pintar ojos. Si ya es un *crack* del ganchillo, puede saltarse el apartado siguiente, que trata sobre la tensión. Pero si ha leído la palabra «tensión» y no está del todo seguro de a lo que me refiero, si le intriga el tema de usar diferentes hilos o si siempre se ha preguntado de dónde saca la gente los ojos de colores únicos que ponen en sus muñecos, ¡no se pierda este apartado! Hace ya un tiempo que hago ganchillo, pero siempre me esfuerzo por aprender técnicas nuevas. Creo firmemente que uno nunca debe dejar de buscar nuevas maneras de mejorar sus amigurumis. ¡Espero que la siguiente información le resulte práctica durante su aventura con el ganchillo!

Tensión

En el ganchillo, la tensión se refiere a lo apretados que quedan los puntos tejidos. La tensión es muy importante cuando se confeccionan prendas de ropa, pero no tanto a la hora de crear muñecos. Cada persona teje diferente, y eso es lo que convierte nuestros amigurumis en algo tan único. Para hacer estos muñecos no es necesario crear una muestra para comprobar que la tensión coincida, así que por eso en este libro esto no se menciona.

Lo único que quiero comentar acerca de este tema es que yo hago los puntos muy apretados. Los amigurumis me salen más pequeños debido a esto. Por eso, los ojos de seguridad de 9 mm que pongo en la cabeza de mis muñecos quedan proporcionados. Pero, si usted hace los puntos más sueltos (algo que es absolutamente correcto porque es su estilo, ¡igual que este es el mío!) y usa ojos de 9 mm, puede que queden demasiado pequeños en relación con la cabeza que ha tejido. La solución es que emplee ojos algo más grandes, de 12 mm (o más, según su tensión), aunque el patrón indique que sean de 9 mm. ¡Puede que descubra que unos ojos más grandes le quedan más proporcionados a su amigurumi! No hay una manera incorrecta de tejer estos muñecos, ni tampoco una tensión que sea mejor que otra. Todos tenemos nuestro propio estilo, y es divertido ver cómo se van desarrollando nuestras habilidades con el tiempo. Esto solo es una pequeña reflexión que le aconsejo que tenga en cuenta si ve que nuestras tensiones difieren muchísimo. No obstante, si ve que el relleno se sale entre los puntos de su labor, esto sí podría ser un problema relacionado con la tensión y tal vez debería considerar ajustarla para que los puntos le queden un poco más apretados.

Amigurumis enormes

¡Hablemos de los HILOS GRUESOS! Los hilos gruesos, como el que se utiliza para tejer mantas, el de terciopelo o el de chenilla, o incluso uno de grosor medio a doble hebra, son cada vez una elección más popular entre los tejedores de amigurumis. Admitámoslo: ¡los amigurumis grandes son estupendos! Y lo mejor es que con los hilos gruesos no es necesario hacer puntos tan apretados como con los muñecos tejidos con hilo de grosor medio. A algunas personas les acaban doliendo las manos cuando tejen puntos pequeños, y me rompe el corazón oír que incluso tienen que dejar de hacer ganchillo.

Le contaré un secreto: cualquier patrón de amigurumi puede hacerse con un hilo grueso con textura. Así es. Lo único que debe hacer es averiguar qué aguja de ganchillo usar y ampliar el tamaño de los ojos. Todos y cada uno de los patrones de este libro pueden hacerse con un hilo más grueso. Le saldrá un muñeco más grande, pero ¿sabe el qué? Si le suelen doler las manos cuando usa ganchillos pequeños, ¡así no padecerá! De vez en cuando incluso yo necesito tomarme un descanso y dejar de hacer puntos tan apretados: entonces,

trabajo con hilo para mantas y un ganchillo grande para darle un respiro a mis manos.

La mayoría de las veces, cuando uso un hilo de grosor medio (uno acrílico normal y corriente), empleo una aguja de 4 mm y ojos de seguridad de entre 6 y 15 mm (según el proyecto). Cuando quiero aumentar el tamaño de la labor y tejo con un hilo de terciopelo estándar, uso un ganchillo de 5,5 mm y ojos de seguridad de entre 12 y 18 mm (según el proyecto). Con el hilo para mantas, utilizo un ganchillo de entre 6 y 7 mm y ojos de entre 20 y 30 mm.

Cuanto más grande sea el ganchillo, más grande quedará el muñeco, por lo que también necesitará ojos más grandes. No obstante, tenga cuidado a la hora de agrandar un amigurumi: puede que empiecen a aparecen espacios entre los puntos que dejen ver el relleno. Personalmente, prefiero que mis muñecos tengan espacios muy pequeños para que nunca se vea el relleno, y por eso hago puntos tan apretados y sigo utilizando ganchillos pequeños cuando trabajo con hilos más gruesos.

No tenga reparos a la hora de explorar diferentes tipos de hilos y agujas de distintos tamaños. Lo importante no es solo que encuentre lo que le vaya mejor, ¡sino también lo que más le divierta! No piense que no puede cambiar los hilos solo porque el patrón especifique un tipo en concreto. Hacer ganchillo debe ser una actividad divertida. Cuando uno prueba cosas nuevas, aprende, y cuando aprende, mejora los resultados. ¡Observar nuestro propio progreso es algo maravilloso!

Pintar ojos

En este libro he utilizado ojos de seguridad de diferentes colores. Si usted es como yo era hace un par de años, ¡debe de estar preguntándose de dónde demonios los he sacado! Bien, pues aquí encontrará la respuesta: ¡los he pintado yo!

En mis inicios, ni siquiera se me ocurrió que uno mismo puede hacerlos. Veía preciosos amigurumis con relucientes ojos lilas o espeluznantes ojos rojos y pensaba en lo estupendo que sería encontrarlos para ponérselos a mis propios muñecos. Empecé a pintar ojos para mis muñecos especiales hace solo un par de años, y probé un montón de técnicas diferentes. La que considero mejor es la que describo aquí:

Primero adquiera ojos de seguridad negros del tamaño deseado. Haga 2 agujeritos en un trozo de cartón e inserte el palo de los ojos de seguridad. *No ajuste del todo los ojos al cartón; deje que sobresalgan un poco mientras los pinta para que no se peguen.*

Después, necesitará pintura en aerosol de 2 colores: blanco y el color que quiera para los ojos Tendrá que pintar una capa base de color blanco para que la capa siguiente resalte. Si desea pintar los ojos de un color claro, si no incluye la capa base blanca puede que no resalte demasiado o que tenga que hacer varias capas. Hay pinturas en aerosol de muchos colores y texturas diferentes, ¡así que las posibilidades son infinitas! (¡Evidentemente, si quiere hacer unos ojos blancos solo va a necesitar 1 color!). Empiece haciendo una capa base de pintura blanca. Aplique el aerosol de manera homogénea formando una capa fina, y luego espere a que se seque. Una vez seco, haga otra capa de pintura blanca. Si los ojos ya quedan de un bonito color blanco, ya no es necesario que añada más capas.

Si tienen como manchas, añádales más capas, dejando que se seque bien cada una, hasta que los ojos sean de un blanco liso y brillante.

Cuando la capa base se haya secado del todo, ¡es hora de añadir el color de verdad! Aplique capas muy finas de pintura; debe evitar que se formen gotas, porque se escurrirían y el color no quedaría tan liso como debería. Siempre espere a que la capa se seque antes de añadir la siguiente. Haga tantas capas como sea necesario para que la superior quede tan llamativa como desee; yo suelo hacer unas tres, dependiendo de la marca de la pintura. Después, deberá esperar al menos 1 hora para que se seque la pintura, aunque puede tardar hasta 8 horas según el producto usado. Una vez que los ojos estén secos, ya podrá insertarlos en su amigurumi. ¡Y ya le habrá puesto un detalle de lo más especial!

Nota de seguridad: Los muñecos que hago están pensados para coleccionistas adultos. Algunos de mis clientes se los regalan a niños, pero yo siempre les recuerdo que lo hacen por su cuenta y riesgo. Los ojos pintados pueden ser peligrosos para los destinatarios más jóvenes porque podrían intentar ingerir la pintura. El envase de los ojos de seguridad indica que no son aptos para niños menores de 3 años. No obstante, lo cierto es que son bastante seguros. Por ejemplo, si coloco un ojo de seguridad pero me equivoco de lugar, tengo que tirar a la basura la pieza entera porque no hay manera de quitarlo. Así que, por favor, utilice su sentido común a la hora de valorar si regala estos muñecos a un niño.

Capítulo 1

CRÍPTIDOS

El gran debate que se mantiene abierto desde hace generaciones en todos los continentes y culturas es... ¿los críptidos son reales? No hay tantas pruebas como algunos escépticos quisieran, pero, ¡eh!, para mí han sido suficientes para diseñar estas escurridizas criaturas. En este capítulo, conoceremos a algunos de los nombres más destacados de los seres que andan sueltos por ahí fuera, como Mothman (página 23), Nessie (página 19) e incluso el chupacabras (página 25), solo por nombrar algunos. Obsérvelos bien y, tal vez, cuando los tenga en las manos, ¡empezará a creer un poco más en la posibilidad de que existan!

CTHULHU

¡El críptido más fuerte y antiguo de todos probablemente sea Cthulhu! No se trata de un ser de nuestro mundo, sino de una deidad de otra dimensión. Como es más fuerte y antiguo que cualquier otra cosa jamás vista en la Tierra, se dice que nosotros, pobres mortales, si lo viéramos ni siquiera podríamos empezar a entenderlo y que tal vez nos volveríamos locos. A Cthulhu se lo conoce como el Primigenio y ha inspirado incontables historias, juegos, películas y monstruos. En la actualidad, se dice que está hibernando en una ciudad perdida en el fondo del océano Pacífico Sur. ¡Disfrute creando a su propio Primigenio!

Materiales

- Ganchillo de 4 mm
- 1 madeja de 198 g de hilo de grosor medio de color verde oscuro (yo he usado Simply Soft®, de Caron®, color Dark Sage)
- 1 par de ojos de seguridad de 9 mm
- Relleno de fibra sintética
- Aguja de tapicería
- Alfileres para sujetar las piezas en su sitio mientras las cose
- Tijeras

Abreviaturas

anillo – anillo mágico

aum. – haga 2 p. b. en el mismo p. para aumentar 1 p.

cad. – cad.

dism. – disminución invisible

p. b. – punto bajo

p. m. a. – punto medio alto

Cabeza

Vuelta 1: anillo de 6 p. (6)

Vuelta 2: (aum.) 6 veces. (12)

Vuelta 3: (1 p. b., aum.) 6 veces. (18)

Vuelta 4: (2 p. b., aum.) 6 veces. (24)

Vuelta 5: (3 p. b., aum.) 6 veces. (30)

Vueltas 6-11: p. b. (30)

Vuelta 12: (4 p. b., aum.) 6 veces. (36)

En la vuelta siguiente, haremos los tentáculos; tómese su tiempo y léase el patrón con calma. No se desanime si no le sale a la primera y tiene que rehacerlo un par de veces.

Vuelta 13: 6 p. b., (12 cad., 1 p. m. a. en cada cad. empezando en la 2.ª cad. desde el ganchillo, 1 p. b. en el sig. p. de la cabeza) 4 veces, 26 p. b. (36)

En la vuelta 14, tendrá que hacer p. b. alrededor de la cabeza.

Cuando llegue a los tentáculos, trabajará 1 p. b. por debajo de cada uno (creando un punto) y 1 p. b. entre cada uno (donde está el p. b. de la vuelta anterior). Así es como pasamos de tener estos 4 puntos, que acogen 4 tentáculos, a tener los 8 puntos delanteros. Esto lo hacemos para que no queden agujeros grandes debajo de los tentáculos del muñeco. No se preocupe si no tiene exactamente 40 puntos al terminar esta vuelta. Esta es la parte más complicada del proyecto. Si tiene 39 o 41 puntos, también está bien. Lo que haremos a partir de ahora es menguar puntos.

Vuelta 14: p. b. (~40)

Vuelta 15: (8 p. b., dism.) 4 veces. (~36)

Vuelta 16: (4 p. b., dism.) 6 veces. (~30)

Vuelta 17: (3 p. b., dism.) 6 veces. (~24)

(continúa)

CTHULHU (CONTINUACIÓN)

Ponga los ojos entre las vueltas 11 y 12 dejando 5 p. entremedias. Colóquelos de manera que los tentáculos queden centrados entre ellos. Rellene bien la cabeza mientras sigue haciendo disminuciones.

Vuelta 18: (2 p. b., dism.) 6 veces. (~18)

Vuelta 19: (1 p. b., dism.) 6 veces. (~12)

Vuelta 20: (dism.) 6 veces. (~6)

Remate el hilo.

Cuerpo

Comience por la primera pierna.

Vuelta 1: anillo de 6 p. (6)

Vuelta 2: (aum.) 6 veces. (12)

Vueltas 3-7: p. b. (12)

Remate el hilo.

Haga la segunda pierna.

Vuelta 1: anillo de 6 p. (6)

Vuelta 2: (aum.) 6 veces. (12)

Vueltas 3-7: p. b. (12)

No remate el hilo; trabaje el p. siguiente en la primera pierna y considérelo el primero de la vuelta 8.

Vuelta 8: p. b. (24)

Vueltas 9-15: p. b. (24)

Vuelta 16: (2 p. b., dism.) 6 veces. (18)

Vuelta 17: p. b. (18)

Vuelta 18: (1 p. b., dism.) 6 veces. (12)

Remate el hilo, dejando un cabo largo para coser la pieza.

Brazos (haga 2)

Vuelta 1: anillo de 6 p. (6)

Vuelta 2: (1 p. b., aum.) 3 veces. (9)

Vueltas 3-9: p. b. (9)

Remate el hilo, dejando un cabo largo para coser la pieza.

Alas (haga 2)

Las alas no se trabajan en redondo, sino en hileras. Lea el patrón detenidamente.

Hilera 1: 5 cad., dele la vuelta.

Hilera 2: Empezando en la 2.ª cad. desde el ganchillo, 4 p. b., 4 cad., dele la vuelta.

Hilera 3: Empezando en la 2.ª cad. desde el ganchillo, 7 p. b., 1 cad., dele la vuelta.

Hilera 4: Empezando en la 2.ª cad. desde el ganchillo, 4 p. b., 4 cad., dele la vuelta.

Hilera 5: Empezando en la 2.ª cad. desde el ganchillo, 7 p. b., 3 cad., dele la vuelta.

Hilera 6: Empezando en la 2.ª cad. desde el ganchillo, 6 p. b., 4 cad., dele la vuelta.

Hilera 7: Empezando en la 2.ª cad. desde el ganchillo, 9 p. b., no haga cad. ni le dé la vuelta.

Hilera 8: p. b. alrededor de la parte superior del ala (trabajará puntos espaciados de manera uniforme a lo largo de este cordoncillo).

Remate el hilo, dejando un cabo largo para coser la pieza.

Montaje

Primero, cierre la cabeza con un sobrehilado. Después, rellene bien el cuerpo y únalo a la cabeza. Con alfileres, sujete un brazo a cada lado del torso y cósalos (no es necesario rellenarlos). Dé la vuelta a su Cthulhu, sujete las alas a la espalda con alfileres en la posición que más le guste y cósalas. Con las tijeras, corte los cabos sueltos de las piezas que ha cosido. Arregle los tentáculos retorciéndolos, ¡y ya tendrá listo a su Cthulhu!

NESSIE

El monstruo del lago Ness, más conocido con el cariñoso apelativo «Nessie», seguramente es el críptido más famoso de todos. Se dice que reside en este lago situado en las Tierras Altas escocesas desde tiempo remotos y se lo describe como un gigantesco «monstruo marino» de cuello largo que en ocasiones saca la cabeza del agua. Unas supuestas fotos de la criatura que se difundieron en la década de 1930 sacudieron el mundo entero. Aunque las pruebas son ampliamente cuestionadas, cabe destacar la cantidad de turistas que invaden el lugar cada año con la esperanza de avistarlo. Otro dato interesante es la existencia de grabados que lo representan en antiguas rocas escocesas encontradas en la zona. Crea o no en Nessie, es una criatura adorable, ¡y ahora puede crear una pequeña versión suya a ganchillo!

Materiales

- Ganchillo de 4 mm
- 1 madeja de 198 g de hilo de grosor medio de color verde (yo he usado Super Saver®, de Red Heart®, color Paddy Green)
- 1 par de ojos de seguridad de 9 mm
- Relleno de fibra sintética
- Aguja de tapicería
- Alfileres para sujetar las piezas en su sitio mientras las cose
- Tijeras

Abreviaturas

anillo – anillo mágico

aum. – haga 2 p. b. en el mismo p. para aumentar 1 p.

dism. – disminución invisible

p. b. – punto bajo

Cabeza

Vuelta 1: anillo de 6 p. (6)

Vuelta 2: (aum.) 6 veces. (12)

Vuelta 3: p. b. (12)

Vuelta 4: 4 p. b., (aum.) 4 veces, 4 p. b. (16)

Vuelta 5: 6 p. b., (aum.) 4 veces, 6 p. b. (20)

Vueltas 6-11: p. b. (20)

Vuelta 12: (3 p. b., dism.) 4 veces. (16)

Vuelta 13: p. b. (16)

Inserte los ojos entre las vueltas 4 y 5 dejando 5 p. entremedias. Rellene bien la cabeza mientras va haciendo disminuciones.

Vuelta 14: (2 p. b., dism.) 4 veces. (12)

Vuelta 15: (1 p. b., dism.) 4 veces. (8)

Vuelta 16: (dism.) 4 veces. (4)

Remate el hilo.

Mitad delantera del cuerpo/cuello

Vuelta 1: anillo de 6 p. (6)

Vuelta 2: (aum.) 6 veces. (12)

Vuelta 3: (1 p. b., aum.) 6 veces. (18)

Vuelta 4: (2 p. b., aum.) 6 veces. (24)

Vueltas 5-8: p. b. (24)

Vuelta 9: (2 p. b., dism.) 6 veces. (18)

Vuelta 10: (3 p. b., dism.) 3 veces. (15)

Vueltas 11 y 12: p. b. (15)

Vuelta 13: (3 p. b., dism.) 3 veces. (12)

Vueltas 14 y 15: p. b. (12)

Remate el hilo, dejando un cabo largo para coser la pieza.

(continúa)

NESSIE (CONTINUACIÓN)

Mitad posterior del cuerpo

Vuelta 1: anillo de 6 p. (6)

Vuelta 2: (aum.) 6 veces. (12)

Vuelta 3: (1 p. b., aum.) 6 veces. (18)

Vuelta 4: (2 p. b., aum.) 6 veces. (24)

Vueltas 5 y 6: p. b. (24)

Vuelta 7: (2 p. b., dism.) 6 veces. (18)

Vueltas 8-10: p. b. (18)

Remate el hilo, dejando un cabo largo para coser la pieza.

Cola

Vuelta 1: anillo de 6 p. (6)

Vuelta 2: p. b. (6)

Vuelta 3: (2 p. b., aum.) 2 veces. (8)

Vuelta 4: p. b. (8)

Vuelta 5: (3 p. b., aum.) 2 veces. (10)

Vuelta 6: p. b. (10)

Vuelta 7: (4 p. b., aum.) 2 veces. (12)

Vuelta 8: p. b. (12)

Vuelta 9: (3 p. b., aum.) 3 veces. (15)

Vuelta 10: p. b. (15)

Vuelta 11: (4 p. b., aum.) 3 veces. (18)

Vueltas 12 y 13: p. b. (18)

Remate el hilo, dejando un cabo largo para coser la pieza.

Aletas (haga 4)

Vuelta 1: anillo de 4 p. (4)

Vuelta 2: (1 p. b., aum.) 2 veces. (6)

Vuelta 3: (2 p. b., aum.) 2 veces. (8)

Vuelta 4: (3 p. b., aum.) 2 veces. (10)

Vuelta 5: (4 p. b., aum.) 2 veces. (12)

Vueltas 6 y 7: p. b. (12)

Vuelta 8: (dism.) 6 veces. (6)

Remate el hilo, dejando un cabo largo para coser la pieza.

Montaje

Cierre la cabeza con un sobrehilado, luego rellene bien la mitad delantera del cuerpo/cuello y cósalo a la base de la cabeza. Rellene bien la mitad posterior del cuerpo y cósala a la mitad delantera. Asegúrese de hacer las puntadas bien apretadas para que la unión quede lo más disimulada posible. Después, rellene la cola y cósala al final de la mitad posterior del cuerpo, asegurándose una vez más de que hace las puntadas bien apretadas para crear una unión pulcra. Sujete las aletas al cuerpo con alfileres, probando diferentes posiciones hasta equilibrar el cuerpo y conseguir que se aguante de pie (no es necesario rellenarlas). Cuando esté satisfecho con la posición de las aletas, cósalas. Con las tijeras, corte los cabos sueltos de las piezas que ha cosido. Y, con esto, ¡habrá terminado a su Nessie!

MOTHMAN

Mothman, el hombre polilla, es una enorme y tenebrosa criatura alada. Los primeros avistamientos conocidos fueron en un pueblecito de Virginia Occidental en 1966. Fue visto muchas veces a lo largo del año siguiente, lo que acabó en una catástrofe ocurrida en 1967. Después de la tragedia, desapareció, y los avistamientos cesaron casi por completo. La leyenda dice que Mothman aparece como presagio; si alguien lo ve, ¡considérelo una advertencia de que pronto puede ocurrir una desgracia! He creado a un Mothman en versión chibi (¡espero que nada temible!). Puede quedarse este críptido profético o añadirlo a la colección de algún fan.

Materiales

- Ganchillo de 4 mm
- 1 madeja de 198 g de hilo de grosor medio de color negro (yo he usado Super Saver, de Red Heart, color Black)
- 1 madeja de 283 g de hilo de terciopelo de color negro (yo he usado Velvet™, Bernat®, color Blackbird)
- 1 par de ojos de seguridad de 12 mm (pintados de color rojo tal como se explica en la página 13)
- Relleno de fibra sintética
- Aguja de tapicería
- Alfileres para sujetar las piezas en su sitio mientras las cose
- Tijeras

Abreviaturas

anillo – anillo mágico
aum. – haga 2 p. b. en el mismo p. para aumentar 1 p.
cad. – cad.
dism. – disminución invisible
p. b. – punto bajo

Cabeza/cuerpo

En hilo negro

Vuelta 1: anillo de 6 p. (6)

Vuelta 2: (aum.) 6 veces. (12)

Vuelta 3: (1 p. b., aum.) 6 veces. (18)

Vuelta 4: (2 p. b., aum.) 6 veces. (24)

Vuelta 5: (3 p. b., aum.) 6 veces. (30)

Vuelta 6: (4 p. b., aum.) 6 veces. (36)

Vuelta 7: (5 p. b., aum.) 6 veces. (42)

Vueltas 8-20: p. b. (42)

Inserte los ojos entre las vueltas 12 y 13 dejando 5 p. entremedias. Rellene bien la cabeza/cuerpo mientras va haciendo disminuciones.

Vuelta 21: (5 p. b., dism.) 6 veces. (36)

Vuelta 22: p. b. (36)

Vuelta 23: (4 p. b., dism.) 6 veces. (30)

Vuelta 24: (3 p. b., dism.) 6 veces. (24)

Vuelta 25: (2 p. b., dism.) 6 veces. (18)

Vuelta 26: (1 p. b., dism.) 6 veces. (12)

Vuelta 27: (dism.) 6 veces. (6)

Remate el hilo.

Piernas (haga 2)

Vuelta 1: anillo de 6 p. (6)

Vuelta 2: (aum.) 6 veces. (12)

Vueltas 3-5: p. b. (12)

Remate el hilo, dejando un cabo largo para coser la pieza.

Brazos (haga 2)

Vuelta 1: anillo de 6 p. (6)

Vuelta 2: (1 p. b., aum.) 3 veces. (9)

Vueltas 3-6: p. b. (9)

Remate el hilo, dejando un cabo largo para coser la pieza.

(continúa)

MOTHMAN (CONTINUACIÓN)

Antenas (haga 2)

Vuelta 1: anillo de 6 p. (6)

Vuelta 2: (2 p. b., aum.) 2 veces. (8)

Vuelta 3: (3 p. b., aum.) 2 veces. (10)

Vuelta 4: (4 p. b., aum.) 2 veces. (12)

Vueltas 5 y 6: p. b. (12)

Vuelta 7: (4 p. b., dism.) 2 veces. (10)

Vuelta 8: (3 p. b., dism.) 2 veces. (8)

Alas (haga 2)

Las alas no se trabajan en redondo, sino en hileras. Lea el patrón detenidamente.

En hilo de terciopelo negro

Hilera 1: 5 cad., dele la vuelta.

Hilera 2: Empezando en la 2.ª cad. desde el ganchillo, 4 p. b., 4 cad., dele la vuelta.

Hilera 3: Empezando en la 2.ª cad. desde el ganchillo, 7 p. b., 1 cad., dele la vuelta.

Hilera 4: Empezando en la 2.ª cad. desde el ganchillo, 4 p. b., 4 cad., dele la vuelta.

Hilera 5: Empezando en la 2.ª cad. desde el ganchillo, 7 p. b., 3 cad., dele la vuelta.

Hilera 6: Empezando en la 2.ª cad. desde el ganchillo, 6 p. b., 4 cad., dele la vuelta.

Hilera 7: Empezando en la 2.ª cad. desde el ganchillo, 9 p. b., no haga cad. ni le dé la vuelta.

Hilera 8: p. b. alrededor de la parte superior del ala (trabajará puntos espaciados de manera uniforme a lo largo de este cordoncillo).

Remate el hilo, dejando un cabo largo para coser la pieza.

Montaje

Primero, cierre la cabeza/cuerpo con un sobrehilado. Rellene las piernas y cósalas a la parte inferior del cuerpo. (Compruebe que su Mothman quede bien sentado antes de coser del todo ambas piernas, ¡ya que serán el único soporte del muñeco!). Con alfileres, sujete un brazo a cada lado del cuerpo y cósalos (no es necesario rellenarlos). Sujete las alas a la espalda del muñeco con alfileres y, una vez que le convenza la posición, cósalas. Por último, cosa las antenas encima de la cabeza (no es necesario rellenarlas). Con las tijeras, corte los cabos sueltos de las piezas que ha cosido.

CHUPACABRAS

El chupacabras es una criatura legendaria avistada principalmente en toda Latinoamérica. Se considera que es vampiresco, ya que chupa la sangre de sus presas, que suelen ser el ganado al cual tiene fácil acceso durante la noche. No obstante, para el horror de los numerosos ganaderos caprinos, tiene una afinidad particular por las cabras. El chupacabras tiene la piel escamosa, largos colmillos y afiladas púas a lo largo de la columna.

Algunos afirman que parece un coyote enfermizo y sin pelo. Nada de esto suena precisamente mono… Así que, tomándome algunas licencias artísticas, ¡me las he ingeniado para crear una versión bonita y divertida!

Materiales

- Ganchillo de 4 mm
- 1 madeja de 198 g de hilo de grosor medio de color verde claro (yo he usado Super Saver, de Red Heart, color Frosty Green)
- 1 madeja de 198 g de hilo de grosor medio de color blanco (yo he usado Super Saver, de Red Heart, color White)
- 1 par de ojos de seguridad de 12 mm
- Relleno de fibra sintética
- Aguja de tapicería
- Alfileres para sujetar las piezas en su sitio mientras las cose
- Tijeras

Abreviaturas

anillo – anillo mágico
aum. – haga 2 p. b. en el mismo p. para aumentar 1 p.
cad. – cad.
dism. – disminución invisible
p. a. – punto alto
p. b. – punto bajo
p. m. a. – punto medio alto
p. r. – punto raso

Cabeza

En verde claro

Vuelta 1: anillo de 6 p. (6)

Vuelta 2: (aum.) 6 veces. (12)

Vuelta 3: (1 p. b., aum.) 6 veces. (18)

Vuelta 4: (2 p. b., aum.) 6 veces. (24)

Vuelta 5: (3 p. b., aum.) 6 veces. (30)

Vuelta 6: (4 p. b., aum.) 6 veces. (36)

Vueltas 7-12: p. b. (36)

Vuelta 13: (5 p. b., aum.) 6 veces. (42)

Vueltas 14-16: p. b. (42)

Inserte los ojos entre las vueltas 12 y 13 dejando 7 p. entremedias. Rellene bien la cabeza mientras va haciendo disminuciones.

Vuelta 17: (5 p. b., dism.) 6 veces. (36)

Vuelta 18: (4 p. b., dism.) 6 veces. (30)

Vuelta 19: (3 p. b., dism.) 6 veces. (24)

Vuelta 20: (2 p. b., dism.) 6 veces. (18)

Vuelta 21: (1 p. b., dism.) 6 veces. (12)

Vuelta 22: (dism.) 6 veces. (6)

Remate el hilo.

Cuerpo

En verde claro

Vuelta 1: anillo de 6 p. (6)

Vuelta 2: (aum.) 6 veces. (12)

Vuelta 3: (1 p. b., aum.) 6 veces. (18)

Vuelta 4: (2 p. b., aum.) 6 veces. (24)

Vuelta 5: (3 p. b., aum.) 6 veces. (30)

Vuelta 6: (4 p. b., aum.) 6 veces. (36)

Vueltas 7-9: p. b. (36)

Vuelta 10: (4 p. b., dism.) 6 veces. (30)

Vuelta 11: p. b. (30)

Vuelta 12: (3 p. b., dism.) 6 veces. (24)

Vueltas 13-15: p. b. (24)

Vuelta 16: (2 p. b., dism.) 6 veces. (18)

Vuelta 17: p. b. (18)

Remate el hilo, dejando un cabo largo para coser la pieza.

(continúa)

CHUPACABRAS (CONTINUACIÓN)

Piernas (haga 2)

En verde claro

Vuelta 1: anillo de 6 p. (6)

Vuelta 2: (aum.) 6 veces. (12)

Vuelta 3: (1 p. b., aum.) 6 veces. (18)

Vueltas 4-8: p. b. (18)

Vuelta 9: (1 p. b., dism.) 6 veces. (12)

Vuelta 10: (dism.) 6 veces. (6)

Remate el hilo, dejando un cabo largo para coser la pieza.

Brazos (haga 2)

En verde claro

Vuelta 1: anillo de 6 p. (6)

Vuelta 2: (1 p. b., aum.) 3 veces. (9)

Vueltas 3-14: p. b. (9)

Remate el hilo, dejando un cabo largo para coser la pieza.

Orejas (haga 2)

En verde claro

Vuelta 1: anillo de 4 p. (4)

Vuelta 2: (1 p. b., aum.) 2 veces. (6)

Vuelta 3: (2 p. b., aum.) 2 veces. (8)

Vuelta 4: (3 p. b., aum.) 2 veces. (10)

Vuelta 5: (4 p. b., aum.) 2 veces. (12)

Vueltas 6 y 7: p. b. (12)

Vuelta 8: (4 p. b., dism.) 2 veces. (10)

Vuelta 9: (3 p. b., dism.) 2 veces. (8)

Remate el hilo, dejando un cabo largo para coser la pieza.

Cola

En verde claro

Vuelta 1: anillo de 6 p. (6)

Vuelta 2: p. b. (6)

Vuelta 3: (2 p. b., aum.) 2 veces. (8)

Vuelta 4: p. b. (8)

Vuelta 5: (3 p. b., aum.) 2 veces. (10)

Vuelta 6: p. b. (10)

Vuelta 7: (4 p. b., aum.) 2 veces. (12)

Vuelta 8: p. b. (12)

Vuelta 9: (5 p. b., aum.) 2 veces. (14)

Vuelta 10: p. b. (14)

Vuelta 11: (6 p. b., aum.) 2 veces. (16)

Vuelta 12: p. b. (16)

Vuelta 13: (7 p. b., aum.) 2 veces. (18)

Vuelta 14: p. b. (18)

Remate el hilo, dejando un cabo largo para coser la pieza.

Garras (haga 6)

En blanco

Haga 3 cad., dele la vuelta, 1 p. r. en la 2.ª cad. desde el ganchillo, 1 p. b. en la última cad.

Remate el hilo, dejando un cabo largo para coser la pieza.

Colmillos (haga 2)

En blanco

Haga 4 cad., dele la vuelta, 1 p. r. en la 2.ª cad. desde el ganchillo, 1 p. b. en cada una de las últimas 2 cad.

Remate el hilo, dejando un cabo largo para coser la pieza.

Púas (haga 4)

En blanco

Haga 5 cad., dele la vuelta, 1 p. r. en la 2.ª cad. desde el ganchillo, 1 p. b. en la cad. siguiente, 1 p. m. a. en la cad. siguiente y 1 p. a. en la última cad.

Remate el hilo, dejando un cabo largo para coser la pieza.

Montaje

Primero, cierre la cabeza con un sobrehilado. Rellene bien el cuerpo y cósalo a la parte inferior de la cabeza. Rellene las piernas y cierre los extremos inferiores con un sobrehilado. Sujete las piernas y los brazos al cuerpo del chupacabras, asegurándose de que se aguanta sentado. Cuando le guste la posición, cosa las extremidades (no es necesario rellenar los brazos). Rellene la cola y cósala a la parte trasera del muñeco. Cosa una oreja a cada lado de la cabeza y los colmillos en la cara, entre los ojos. Cosa 3 garras en la punta de cada pie, y las púas a lo largo de la parte trasera de la cabeza. Yo he puesto 3 púas, espaciadas de manera uniforme, empezando en la coronilla y hacia atrás, y luego he cosido la otra en medio de la espalda. Con las tijeras, corte los cabos sueltos de las piezas que ha cosido. ¡Y su chupacabras está listo!

JACKALOPE

Tal vez los críptidos más monos, los jackalopes habitan en las praderas norteamericanas y también se los conoce como lebrílopes o conejílopes. Básicamente son liebres con astas, ¡pero mucho más rápidos, listos y ágiles! Cuidado, cazadores: los jackalopes pueden contraatacar con sus astas. Este patrón para crear un jackalope es absolutamente precioso; ¡espero que disfrute haciéndolo tanto como yo!

Materiales

- Ganchillo de 4 mm
- 1 madeja de 198 g de hilo de grosor medio de color blanco (yo he usado Super Saver, de Red Heart, color White)
- 1 madeja de 198 g de hilo de grosor medio de color marrón (yo he usado Value, de Big Twist, color Chocolate)
- 1 par de ojos de seguridad de 12 mm
- Relleno de fibra sintética
- Aguja de tapicería
- Alfileres para sujetar las piezas en su sitio mientras las cose
- Tijeras
- 1 trozo de hilo rosa de 25 cm para bordar la nariz

Abreviaturas

anillo – anillo mágico

aum. – haga 2 p. b. en el mismo p. para aumentar 1 p.

dism. – disminución invisible

p. b. – punto bajo

Cabeza

En blanco

Vuelta 1: anillo de 6 p. (6)

Vuelta 2: (aum.) 6 veces. (12)

Vuelta 3: (1 p. b., aum.) 6 veces. (18)

Vuelta 4: (2 p. b., aum.) 6 veces. (24)

Vuelta 5: (3 p. b., aum.) 6 veces. (30)

Vuelta 6: (4 p. b., aum.) 6 veces. (36)

Vueltas 7-12: p. b. (36)

Vuelta 13: (5 p. b., aum.) 6 veces. (42)

Vueltas 14-16: p. b. (42)

Inserte los ojos entre las vueltas 12 y 13 dejando 7 p. entremedias. Rellene bien la cabeza mientras va haciendo disminuciones.

Vuelta 17: (5 p. b., dism.) 6 veces. (36)

Vuelta 18: (4 p. b., dism.) 6 veces. (30)

Vuelta 19: (3 p. b., dism.) 6 veces. (24)

Vuelta 20: (2 p. b., dism.) 6 veces. (18)

Vuelta 21: (1 p. b., dism.) 6 veces. (12)

Vuelta 22: (dism.) 6 veces. (6)

Remate el hilo.

Cuerpo

En blanco

Vuelta 1: anillo de 6 p. (6)

Vuelta 2: (aum.) 6 veces. (12)

Vuelta 3: (1 p. b., aum.) 6 veces. (18)

Vuelta 4: (2 p. b., aum.) 6 veces. (24)

Vuelta 5: (3 p. b., aum.) 6 veces. (30)

Vuelta 6: (4 p. b., aum.) 6 veces. (36)

Vueltas 7-9: p. b. (36)

Vuelta 10: (4 p. b., dism.) 6 veces. (30)

Vuelta 11: p. b. (30)

Vuelta 12: (3 p. b., dism.) 6 veces. (24)

Vueltas 13-15: p. b. (24)

Vuelta 16: (2 p. b., dism.) 6 veces. (18)

Vuelta 17: p. b. (18)

Remate el hilo, dejando un cabo largo para coser la pieza.

(continúa)

JACKALOPE (CONTINUACIÓN)

Patas traseras (haga 2)

En blanco

Vuelta 1: anillo de 6 p. (6)

Vuelta 2: (aum.) 6 veces. (12)

Vuelta 3: (3 p. b., aum.) 3 veces. (15)

Vuelta 4: p. b. (15)

Remate el hilo, dejando un cabo largo para coser la pieza.

Pies traseros (haga 2)

En blanco

Vuelta 1: anillo de 6 p. (6)

Vuelta 2: (2 p. b., aum.) 2 veces. (8)

Vuelta 3: p. b. (8)

Remate el hilo, dejando un cabo largo para coser la pieza.

Brazos (haga 2)

En blanco

Vuelta 1: anillo de 6 p. (6)

Vuelta 2: (2 p. b., aum.) 2 veces. (8)

Vueltas 3-5: p. b. (8)

Remate el hilo, dejando un cabo largo para coser la pieza.

Orejas (haga 2)

En blanco

Vuelta 1: anillo de 4 p. (4)

Vuelta 2: (1 p. b., aum.) 2 veces. (6)

Vuelta 3: (2 p. b., aum.) 2 veces. (8)

Vuelta 4: (3 p. b., aum.) 2 veces. (10)

Vuelta 5: (4 p. b., aum.) 2 veces. (12)

Vuelta 6: p. b. (12)

Vuelta 7: (3 p. b., aum.) 3 veces. (15)

Vueltas 8-13: p. b. (15)

Vuelta 14: (3 p. b., dism.) 3 veces. (12)

Vuelta 15: p. b. (12)

Vuelta 16: (4 p. b., dism.) 2 veces. (10)

Remate el hilo, dejando un cabo largo para coser la pieza.

Cola

En blanco

Vuelta 1: anillo de 6 p. (6)

Vuelta 2: (2 p. b., aum.) 2 veces. (8)

Vuelta 3: p. b. (8)

Vuelta 4: (dism.) 4 veces. (4)

Remate el hilo, dejando un cabo largo para coser la pieza.

Asta grande (haga 2)

En marrón

Vuelta 1: anillo de 6 p. (6)

Vueltas 2-12: p. b. (6)

Remate el hilo, dejando un cabo largo para coser la pieza.

Asta pequeña (haga 2)

En marrón

Vuelta 1: anillo de 6 p. (6)

Vueltas 2-5: p. b. (6)

Remate el hilo, dejando un cabo largo para coser la pieza.

Montaje

Cierre la cabeza con un sobrehilado, luego rellene bien el cuerpo y cóoselo a la base de la cabeza. Cosa una pata trasera a cada lado del cuerpo, rellenándolas a su gusto antes de terminar la costura. Después, cosa los pies (rellenados) a la parte delantera de las patas traseras, comprobando que el muñeco se aguante a medida que cose para asegurarse de que queda bien sentado. A continuación, cosa un brazo a cada lado del cuerpo, justo debajo del punto de unión entre el cuerpo y la cabeza (no es necesario que los rellene).

Cosa las orejas encima de la cabeza y luego, entremedias, las astas grandes (yo no las rellené). Después, cosa las astas pequeñas a las grandes. Cosa la cola a la parte trasera del muñeco; esto puede hacerlo como paso final para asegurarse de que se aguanta bien. Yo no rellené la cola, pero, si quiere darle más volumen, rellénela y le dará una bonita forma redonda. Con las tijeras, corte los cabos sueltos de las piezas que ha cosido. Por último, use un resto de hilo rosa para bordar la naricita entre los ojos, ¡y ya tendrá acabado a su jackalope!

GUSANO DE ARENA

Los gusanos de arena han ganado popularidad en los últimos 50 años debido a sus apariciones en muchos libros, películas y juegos. ¡Son una especie de gusanos descomunales con un montón de dientes! Se desplazan excavando bajo tierra y cazan cualquier cosa que genere vibraciones rítmicas. Para evitar ser percibido por uno de ellos, hay que andar sin transmitir estas vibraciones al suelo. ¡Espero que nunca nos encontremos en tal situación! Afortunadamente, este gusano de arena es diminuto y no creo que pudiera hacernos daño ni que lo intentara… ¡Sus dientes son de fieltro!

Materiales

- Ganchillo de 4 mm
- 1 madeja de 198 g de hilo de grosor medio de color negro (yo he usado Super Saver, de Red Heart, color Black)
- 1 madeja de 198 g de hilo de grosor medio de color gris topo (yo he usado un hilo descatalogado de Big Twist, pero el hilo One Pound™, de Caron, color Lace, quedaría muy parecido)
- Relleno de fibra sintética
- Aguja de tapicería
- Alfileres para sujetar las piezas en su sitio mientras las cose
- Tijeras
- 1 lámina de fieltro blanco
- Pegamento Fabri-Tac™ o termofusible

Abreviaturas

anillo – anillo mágico

aum. – haga 2 p. b. en el mismo p. para aumentar 1 p.

p. b. – punto bajo

Boca

En negro

Vuelta 1: anillo de 6 p. (6)

Vuelta 2: (aum.) 6 veces. (12)

Vuelta 3: (1 p. b., aum.) 6 veces. (18)

Vuelta 4: (2 p. b., aum.) 6 veces. (24)

Vuelta 5: (3 p. b., aum.) 6 veces. (30)

Vuelta 6: (4 p. b., aum.) 6 veces. (36)

Remate el hilo.

Cuerpo

Empieza en la punta de la cola.

En gris topo claro

Vuelta 1: anillo de 4 p. (4)

Vuelta 2: (1 p. b., aum.) 2 veces. (6)

Vuelta 3: p. b. (6)

Vuelta 4: (2 p. b., aum.) 2 veces. (8)

Vuelta 5: p. b. (8)

Vuelta 6: (3 p. b., aum.) 2 veces. (10)

Vuelta 7: p. b. (10)

(continúa)

GUSANO DE ARENA (CONTINUACIÓN)

Vuelta 8: (4 p. b., aum.) 2 veces. (12)

Vuelta 9: p. b. (12)

Vuelta 10: (3 p. b., aum.) 3 veces. (15)

Vuelta 11: p. b. (15)

Vuelta 12: (4 p. b., aum.) 3 veces. (18)

Vuelta 13: p. b. (18)

Vuelta 14: (5 p. b., aum.) 3 veces. (21)

Vuelta 15: p. b. (21)

Vuelta 16: (6 p. b., aum.) 3 veces. (24)

Vuelta 17: p. b. (24)

Vuelta 18: (3 p. b., aum.) 6 veces. (30)

Vueltas 19 y 20: p. b. (30)

Vuelta 21: (4 p. b., aum.) 6 veces. (36)

Vueltas 22-31: p. b. (36)

El paso siguiente consiste en unir la boca a la abertura del cuerpo, así que antes de continuar asegúrese de rellenar el gusano a su gusto.

Vuelta 32: p. b., pasando el ganchillo por ambas lazadas del cuerpo y también de la boca. (36)

Vuelta 33: p. b. (36)

Remate el hilo y esconda el cabo.

Con las tijeras, corte los cabos sueltos que hayan quedado.

Dientes

¡El toque final! Con las tijeras, recorte triangulitos de fieltro blanco y, con pegamento, péguelos por la parte interior de la circunferencia de la boca, apuntando hacia el centro. Yo necesité 15 dientes para que la boca quedara tan llena como deseaba; los míos miden 1,3 cm, pero puede hacer los que quiera y del tamaño que prefiera. Una vez seco el pegamento, ¡su gusano de arena estará terminado!

Capítulo 2

DEVORADORES DE PERSONAS

En todo relato épico hay un monstruo, un ser que acecha a la gente y que finalmente es derrotado por el héroe de la historia. Este tipo de monstruos siempre han sido mi debilidad, y a menudo los encuentro monos... ¡por muy grotescos que sean! Lo que me suele intrigar más es saber cómo han llegado a ser como son. En este capítulo, le traigo siete infames criaturas devoradoras de personas. Seguro que algunas de ellas le resultarán familiares: Nosferatu con sus colmillos (página 46), un cíclope con su enorme ojo (página 52) e incluso un adorable licántropo con sus pantaloncitos cortos deshilachados (página 37). ¡Me propuse crear versiones de todos ellos para conseguir que la gente empezara a verlos igual que yo!

LICÁNTROPO

¡Hombres durante día, monstruos lupinos bajo la luz de la luna! Se describan como se describan, los licántropos u hombres lobo son una de mis criaturas preferidas. Claro que soy fan de las historias de hombres lobo adolescentes. Por si el instituto no fuera lo suficientemente duro, añádale esa transformación mensual al horario, ¡por no hablar de los intensos altibajos emocionales! Espero que disfrute de mi adaptación moderna de este monstruo clásico. En este patrón, utilizamos una técnica estupenda que consiste en peinar el hilo para que quede peludo, ¡lo que le da una textura única!

Materiales

- Ganchillo de 4 mm
- 1 madeja de 198 g de hilo de grosor medio de color marrón (yo he usado Big Idea, de Crafter's Secret™, color Brown)
- 1 madeja de 198 g de hilo de grosor medio de color gris (yo he usado One Pound, de Caron, color Soft Grey Mix)
- 1 par de ojos de seguridad de 9 mm
- Relleno de fibra sintética
- Aguja de tapicería
- Alfileres para sujetar las piezas en su sitio mientras las cose
- Tijeras
- Cepillo de púas metálicas para mascotas, para peinar a su licántropo (este cepillo tiene que estar limpio y usarse solo para manualidades)
- Trozo de hilo negro; no necesitará más que 60 cm

Abreviaturas

anillo – anillo mágico
aum. – haga 2 p. b. en el mismo p. para aumentar 1 p.
dism. – disminución invisible
p. b. – punto bajo

Cabeza

En marrón

Vuelta 1: anillo de 6 p. (6)

Vuelta 2: (aum.) 6 veces. (12)

Vuelta 3: (1 p. b., aum.) 6 veces. (18)

Vuelta 4: (2 p. b., aum.) 6 veces. (24)

Vuelta 5: (3 p. b., aum.) 6 veces. (30)

Vueltas 6-11: p. b. (30)

Vuelta 12: (4 p. b., aum.) 6 veces. (36)

Vueltas 13-16: p. b. (36)

Vuelta 17: (4 p. b., dism.) 6 veces. (30)

Vuelta 18: (3 p. b., dism.) 6 veces. (24)

Vuelta 19: (2 p. b., dism.) 6 veces. (18)

Una vez aquí, dejaremos de tejer y empezaremos a peinar la cabeza. Ve a buscar el cepillo de púas metálicas para cepillar a su mascota y empiece a peinar sus puntos. Si es la primera vez que hace esto, no tenga prisa y empiece a hacerlo con suavidad. Cuanto más seguro esté de que no destroza los puntos, más podrá aumentar la velocidad y la fuerza. Requiere un poco de esfuerzo, así que tendrá que dedicarle tiempo para lograr el resultado deseado. (Para que tenga una referencia, yo tardé una hora en peinar la cabeza de mi muñeco.) ¡Pero le aseguro que vale la pena! Da un toque muy chulo a los amigurumis. Además, hacemos esto antes de colocar los ojos a propósito, ¡ya que no queremos rayarlos sin querer!

Ponga los ojos entre las vueltas 9 y 10 dejando unos 6 p. entremedias. Después de peinar los puntos le costará identificarlos, pero si aparta un poco los «pelos» debería situarse sin problemas. Para contar, a mí me va bien utilizar el ganchillo: lo paso por encima del tejido y, cada vez que se hunde un poco, cuento un punto o una vuelta, según la dirección.

(continúa)

LICÁNTROPO (CONTINUACIÓN)

Empiece a rellenar la cabeza mientras sigue haciendo disminuciones; no es necesario que peine las últimas 2 hileras, ya que no se verán una vez que haya cosido la cabeza al cuerpo.

Vuelta 20: (1 p. b., dism.) 6 veces. (12)

Vuelta 21: (dism.) 6 veces. (6)

Remate el hilo.

Hocico

En marrón

Vuelta 1: anillo de 6 p. (6)

Vuelta 2: (aum.) 6 veces. (12)

Vuelta 3: p. b. (12)

Vuelta 4: (3 p. b., aum.) 3 veces. (15)

Vueltas 5 y 6: p. b. (15)

Remate el hilo, dejando un cabo largo para coser la pieza, y peine el hocico igual que ha hecho con la cabeza.

Cuerpo

Comience por la primera pierna, en marrón.

Vuelta 1: anillo de 6 p. (6)

Vuelta 2: (aum.) 6 veces. (12)

Vueltas 3-5: p. b. (12)

Cambie al hilo gris.

Vueltas 6 y 7: p. b. (12)

Remate el hilo.

Haga la segunda pierna, en marrón.

Vuelta 1: anillo de 6 p. (6)

Vuelta 2: (aum.) 6 veces. (12)

Vueltas 3-5: p. b. (12)

Cambie al hilo gris.

Vueltas 6 y 7: p. b. (12)

No remate el hilo; trabaje el p. siguiente en la primera pierna y considérelo el primero de la vuelta 8.

Vuelta 8: p. b. (24)

Vueltas 9 y 10: p. b. (24)

Cambie al hilo marrón.

Vueltas 11-15: p. b. (24)

Vuelta 16: (2 p. b., dism.) 6 veces. (18)

Vuelta 17: p. b. (18)

Vuelta 18: (1 p. b., dism.) 6 veces. (12)

Remate el hilo, dejando un cabo largo para coser la pieza.

Rellene bien el cuerpo. Peine el hilo marrón con mucha suavidad. ¡Procure no enganchar los pantalones grises!

Cola

En marrón

Vuelta 1: anillo de 6 p. (6)

Vuelta 2: aum., 5 p. b. (7)

Vuelta 3: aum., 6 p. b. (8)

Vuelta 4: aum., 7 p. b. (9)

Vueltas 5-8: p. b. (9)

Remate el hilo, dejando un cabo largo para coser la pieza.

Rellene un poco la cola y peine los puntos.

Brazos (haga 2)

En marrón

Vuelta 1: anillo de 6 p. (6)

Vuelta 2: (1 p. b., aum.) 3 veces. (9)

Vueltas 3-9: p. b. (9)

Remate el hilo, dejando un cabo largo para coser la pieza.

Peine los brazos. ¡A estas alturas, ya debería ser todo un experto!

Orejas (haga 2)

En marrón

Vuelta 1: anillo de 6 p. (6)

Vuelta 2: p. b. (6)

Vuelta 3: (2 p. b., aum.) 2 veces. (8)

Vuelta 4: p. b. (8)

Vuelta 5: (3 p. b., aum.) 2 veces. (10)

Vuelta 6: p. b. (10)

Vuelta 7: (4 p. b., aum.) 2 veces. (12)

Vuelta 8: (5 p. b., aum.) 2 veces. (14)

Remate el hilo, dejando un cabo largo para coser la pieza.

Agarre el cepillo por última vez y peine las orejas.

Montaje

Primero, cierre la cabeza con un sobrehilado. Después, asegúrese de que el cuerpo esté bien relleno y únalo a la cabeza. Rellene el hocico y, con alfileres, colóquelo en el centro de la cabeza, justo debajo de los ojos. Cósalo cuando esté satisfecho con la posición. Borde la nariz en la punta del hocico, y utilice el mismo hilo para bordar también las cejas. (Esto es totalmente opcional; yo sentí que mi licántropo me pedía una expresión de preocupación, pero puede hacerlo enfurruñado simplemente modificando el ángulo de inclinación de las cejas.)

Cosa un brazo a cada lado del cuerpo (no es necesario rellenarlos) y las orejas encima de la cabeza, una a cada lado del anillo mágico inicial. Con alfileres, sujete la cola en la parte trasera de los pantalones, justo en el medio para que parezca que los atraviesa, y cósala. Con las tijeras, corte los cabos sueltos de las piezas que ha cosido. Si necesita retocar alguna parte del pelaje, puede peinar

pequeñas secciones, pero tenga cuidado de no enganchar nada (como el hilo que ha utilizado para bordar la nariz y las cejas o bien los pantalones). Si algunos de los pelos quedaran demasiado largos, puede recortarlos con las tijeras, pero vaya con cuidado: si los recorta demasiado, ¡ya no tendrá arreglo! Simplemente recorte poco a poco hasta conseguir la longitud deseada.

Por último, yo quería que mi licántropo llevara pantalones deshilachados. Para conseguir darles este aspecto, corté un trozo de 20 cm del hilo marrón del pelaje, lo utilicé para bordar un par de rayas en los pantalones y luego las peiné con mucha suavidad. Así el pelaje parece salir por los agujeros del pantalón. ¡Y ya tiene listo a su pequeño licántropo!

ZOMBI

¡Cereeeebros! La historia de este monstruo asombroso ha sido contada de muchas maneras a modo de entretenimiento. Cada vez que sale una nueva película, juego o serie de zombis, parece que todo el mundo se muere por devorarlos… ¡valga el juego de palabras! Puede adaptar de muchas maneras este patrón de un zombi. Yo ofrezco una base de la cual partir, ¡pero puede ser tan creativo como quiera! Puede añadirle mechones de pelo, cambiarle la ropa, cortarle alguna extremidad, etc. Diviértase con este proyecto; ¡qué ganas tengo de ver otras ideas!

Cabeza

En verde claro

Vuelta 1: anillo de 6 p. (6)

Vuelta 2: (aum.) 6 veces. (12)

Vuelta 3: (1 p. b., aum.) 6 veces. (18)

Vuelta 4: (2 p. b., aum.) 6 veces. (24)

Vuelta 5: (3 p. b., aum.) 6 veces. (30)

Vuelta 6: (4 p. b., aum.) 6 veces. (36)

Vueltas 7-15: p. b. (36)

Vuelta 16: (4 p. b., dism.) 6 veces. (30)

Vuelta 17: (3 p. b., dism.) 6 veces. (24)

Inserte los ojos parcialmente entre las vueltas 11 y 12 dejando 6 p. entremedias. Aplique la sombra negra alrededor del palo de los ojos. Cuando quede tan oscura y ancha como desee, termine de fijar los ojos. Rellene bien la cabeza mientras sigue haciendo disminuciones.

Vuelta 18: (2 p. b., dism.) 6 veces. (18)

Vuelta 19: (1 p. b., dism.) 6 veces. (12)

Vuelta 20: (dism.) 6 veces. (6)

Remate el hilo.

Orejas (haga 2)

En verde claro

Vuelta 1: anillo de 5 p. (5)

Junte todos los puntos a un lado del anillo mágico para crear un semicírculo.

Remate el hilo, dejando un cabo largo para coser la pieza.

Brazos (haga 2)

En verde claro

Vuelta 1: anillo de 6 p. (6)

Vuelta 2: (1 p. b., aum.) 3 veces. (9)

Vuelta 3: p. b. (9)

Cambie al hilo blanco.

Vueltas 4-10: p. b. (9)

Remate el hilo, dejando un cabo largo para coser la pieza.

(continúa)

Materiales

- Ganchillo de 4 mm
- 1 madeja de 198 g de hilo de grosor medio de color verde claro (yo he usado Super Saver, de Red Heart, color Frosty Green)
- 1 madeja de 198 g de hilo de grosor medio de color blanco (yo he usado Value, de Big Twist, color White)
- 1 madeja de 198 g de hilo de grosor medio de color negro (yo he usado Value, de Big Twist, color Black)
- 1 madeja de 198 g de hilo de grosor medio de color marrón (yo he usado Big Idea, de Crafter's Secret, color Brown)
- 1 par de ojos de seguridad de 9 mm
- Relleno de fibra sintética
- Aguja de tapicería, alfileres y tijeras
- Sombra de ojos negra
- 1 lámina de fieltro marrón
- Pegamento Fabri-Tac o termofusible
- 1 trozo de hilo rosa de 20 cm para bordar el cerebro

Abreviaturas

anillo – anillo mágico

aum. – haga 2 p. b. en el mismo p. para aumentar 1 p.

cad. – cad.

dism. – disminución invisible

p. b. – punto bajo

p. m. a. – punto medio alto

ZOMBI (CONTINUACIÓN)

Cuerpo

Comience por la primera pierna, en negro.

Vuelta 1: anillo de 6 p. (6)

Vuelta 2: (aum.) 6 veces. (12)

Vuelta 3: p. b. (12)

Cambie al hilo marrón.

Vueltas 4-7: p. b. (12)

Remate el hilo.

Haga la segunda pierna, en negro.

Vuelta 1: anillo de 6 p. (6)

Vuelta 2: (aum.) 6 veces. (12)

Vuelta 3: p. b. (12)

Cambie al hilo marrón.

Vueltas 4-7: p. b. (12)

No remate el hilo; trabaje el p. siguiente en la primera pierna y considérelo el primero de la vuelta 8.

Vueltas 8-10: p. b. (24)

Cambie al hilo blanco.

Vueltas 11-15: p. b. (24)

Vuelta 16: (2 p. b., dism.) 6 veces. (18)

Vuelta 17: p. b. (18)

Vuelta 18: (1 p. b., dism.) 6 veces. (12)

Remate el hilo, dejando un cabo largo para coser la pieza.

Cuello de la camisa (haga 2)

En blanco

Vuelta 1: Haga 3 cad., dele la vuelta, 1 p. b. en la 2.ª cad. desde el ganchillo, 1 p. m. a. en la última cad.

Remate el hilo, dejando un cabo largo para coser la pieza.

Montaje

Primero, cierre la cabeza con un sobrehilado, luego rellene bien el cuerpo y cósalo a la cabeza. Con alfileres, sujete una oreja a cada lado de la cabeza y cósalas. Cosa el cuello justo en el centro del cuerpo, justo donde se unen la cabeza y el cuerpo. Con alfileres, sujete un brazo a cada lado de cuerpo y cósalos. Yo he hecho a mi zombi con los brazos extendidos en la clásica pose de «¡cereeeebros!», pero si quiere que simplemente le cuelguen a lado y lado del cuerpo, ¡también está perfectamente bien! Con las tijeras, corte los cabos sueltos de las piezas que ha cosido.

Para hacer la corbata, primero corte un delgado rectángulo de unos 4 x 1,3 cm y, después, recorte las esquinas de la parte «inferior» de la corbata para hacerle la punta triangular. Luego corte un cuadradito de unos 1,3 x 1,3 cm, que será el nudo de la corbata. A continuación, pegue la corbata en el centro del cuello de la camisa y, cuando esté bien fijada, pegue el nudo en la parte superior.

¡Y ahora los detalles finales! Corte un trozo de hilo verde claro de 20 cm y empiece a bordar la «carne» que sale de la ropa para que parezca que esté desgarrada. Después, utilice el hilo rosa para bordarle en la coronilla un fragmento de cerebro. Una vez que esté satisfecho con la cantidad de cerebro que queda expuesto, ¡su zombi estará terminado!

SLENDER MAN

Probablemente uno de los monstruos más espeluznantes que andan sueltos, Slender Man es de hecho uno de los más nuevos. Surgió durante un concurso de Photoshop en 2009 y, desde entonces, ha inspirado muchas historias de terror y se han producido supuestos avistamientos. Se trata de un hombre muy delgado y sin rostro que viste con un traje negro y tiene tentáculos que se enroscan a su alrededor. Vive en las profundidades del bosque ¡y sale para secuestrar a niños! Con el paso de los años, Slender Man ha ganado popularidad y ha protagonizado numerosas películas y videojuegos. Es especialmente popular entre los niños, ¡y ahora podrá tejer su versión chibi! ¿No tiene ojos de seguridad ahora mismo? Pues este patrón es perfecto para usted, ¡ya que esta criatura no tiene ojos!

Materiales

- Ganchillo de 4 mm
- 1 madeja de 198 g de hilo de grosor medio de color blanco (yo he usado Value, de Big Twist, color White)
- 1 madeja de 198 g de hilo de grosor medio de color negro (yo he usado Value, de Big Twist, color Black)
- Relleno de fibra sintética
- Aguja de tapicería
- Alfileres para sujetar las piezas en su sitio mientras las cose
- Tijeras
- 1 lámina de fieltro rojo
- Pegamento Fabri-Tac o termofusible

Abreviaturas

anillo – anillo mágico
aum. – haga 2 p. b. en el mismo p. para aumentar 1 p.
cad. – cad.
dism. – disminución invisible
p. b. – punto bajo
p. m. a. – punto medio alto

Cabeza

En blanco

Vuelta 1: anillo de 6 p. (6)

Vuelta 2: (aum.) 6 veces. (12)

Vuelta 3: (1 p. b., aum.) 6 veces. (18)

Vuelta 4: (2 p. b., aum.) 6 veces. (24)

Vuelta 5: (3 p. b., aum.) 6 veces. (30)

Vuelta 6: (4 p. b., aum.) 6 veces. (36)

Vueltas 7-15: p. b. (36)

Empiece a rellenar la cabeza mientras va haciendo disminuciones.

Vuelta 16: (4 p. b., dism.) 6 veces. (30)

Vuelta 17: (3 p. b., dism.) 6 veces. (24)

Vuelta 18: (2 p. b., dism.) 6 veces. (18)

Vuelta 19: (1 p. b., dism.) 6 veces. (12)

Vuelta 20: (dism.) 6 veces. (6)

Remate el hilo.

Cuerpo

Comience por la primera pierna, en negro.

Vuelta 1: anillo de 6 p. (6)

Vuelta 2: (aum.) 6 veces. (12)

Vueltas 3-7: p. b. (12)

Remate el hilo.

Haga la segunda pierna, en negro.

Vuelta 1: anillo de 6 p. (6)

Vuelta 2: (aum.) 6 veces. (12)

Vueltas 3-7: p. b. (12)

No remate el hilo; trabaje el p. siguiente en la primera pierna y considérelo el primero de la vuelta 8.

Vuelta 8: p. b. (24)

Vueltas 9-15: p. b. (24)

Vuelta 16: (2 p. b., dism.) 6 veces. (18)

Vuelta 17: p. b. (18)

(continúa)

SLENDER MAN (CONTINUACIÓN)

Vuelta 18: (1 p. b., dism.) 6 veces. (12)

Remate el hilo, dejando un cabo largo para coser la pieza.

Brazos (haga 2)

En blanco

Vuelta 1: anillo de 6 p. (6)

Vuelta 2: (1 p. b., aum.) 3 veces. (9)

Vuelta 3: p. b. (9)

Cambie al hilo negro.

Vueltas 4-9: p. b. (9)

Remate el hilo, dejando un cabo largo para coser la pieza.

Tentáculos (haga 6)

En negro

Hilera 1: Haga 14 cad., dele la vuelta y vuelva al inicio de la cad. haciendo p. b. (13)

Remate el hilo, dejando un cabo largo para coser la pieza.

Cuello de la camisa (haga 2)

En blanco

Hilera 1: Haga 3 cad., dele la vuelta, 1 p. m. a. en la 2.ª cad. desde el ganchillo, 1 p. b. en la cad. siguiente.

Remate el hilo, dejando un cabo largo para coser la pieza.

Montaje

Primero, cierre la cabeza con un sobrehilado. Después, rellene bien el cuerpo y cósalo a la parte inferior de la cabeza. Con alfileres, sujete un brazo a cada lado del torso, asegurándose de que la parte superior quede alineada con el punto de unión de la cabeza y el cuerpo, y cósalos (no es necesario rellenarlos). Con alfileres, sujete los tentáculos a la espalda del muñeco (3 a cada lado), espaciados de manera uniforme. Cuando esté satisfecho con la posición de todos los tentáculos, cósalos. Con alfileres, sujete las piezas del cuello de la camisa a la parte delantera del cuerpo, entre los brazos y justo debajo de la cabeza, y cósalas. Con las tijeras, corte los cabos sueltos de las piezas que ha cosido.

Por último, haga una corbata de fieltro rojo. Para ello, primero corte un delgado rectángulo de unos 4 x 1,3 cm y, después, recorte las esquinas de la parte «inferior» de la corbata para hacerle la punta triangular. Luego corte un cuadradito de unos 1,3 x 1,3 cm, que será el nudo de la corbata. A continuación, pegue la corbata en el centro del cuello de la camisa y, cuando esté bien fijada, pegue el nudo en la parte superior. Una vez completado este toque final, ¡ya tendrá hecho a su Slender Man!

NOSFERATU

Los vampiros son sin duda uno de los monstruos más populares, ¡y tenemos un amplio surtido de ellos! Entre los mitos se incluye desde el clásico Drácula hasta terroríficas batallas de la humanidad contra ellos. Sin olvidar, claro está, ¡a los actuales adolescentes rompecorazones! La historia de estas criaturas ha sido contada de muchas maneras diferentes a lo largo de los años, cada una de ellas una nueva reinterpretación del concepto clásico. Yo me decidí por la versión clásica de la película alemana de vampiros *Nosferatu*. Espero que disfrute de esta representación vampírica y termine encontrando sus colmillos tan adorables como los considero yo.

Cabeza

En crudo

Vuelta 1: anillo de 6 p. (6)

Vuelta 2: (aum.) 6 veces. (12)

Vuelta 3: (1 p. b., aum.) 6 veces. (18)

Vuelta 4: (2 p. b., aum.) 6 veces. (24)

Vuelta 5: (3 p. b., aum.) 6 veces. (30)

Vuelta 6: (4 p. b., aum.) 6 veces. (36)

Vueltas 7-15: p. b. (36)

Vuelta 16: (4 p. b., dism.) 6 veces. (30)

Vuelta 17: (3 p. b., dism.) 6 veces. (24)

Inserte los ojos parcialmente entre las vueltas 11 y 12 dejando 6 p. entremedias. Aplique la sombra negra alrededor del palo de los ojos. Cuando quede tan oscura y ancha como desee, termine de fijar los ojos. Rellene bien la cabeza mientras sigue haciendo disminuciones.

Vuelta 18: (2 p. b., dism.) 6 veces. (18)

Vuelta 19: (1 p. b., dism.) 6 veces. (12)

Vuelta 20: (dism.) 6 veces. (6)

Remate el hilo.

Cuerpo

Comience por la primera pierna, en negro.

Vuelta 1: anillo de 6 p. (6)

Vuelta 2: (aum.) 6 veces. (12)

Vueltas 3-7: p. b. (12)

Remate el hilo.

Haga la segunda pierna.

Vuelta 1: anillo de 6 p. (6)

Vuelta 2: (aum.) 6 veces. (12)

Vueltas 3-7: p. b. (12)

(continúa)

Materiales

- Ganchillo de 4 mm
- Ganchillo de 2,75 mm
- 1 madeja de 198 g de hilo de grosor medio de color crudo (yo he usado I Love This Yarn, color Linen)
- 1 madeja de 198 g de hilo de grosor medio de color negro (yo he usado Value, de Big Twist, color Black)
- 1 par de ojos de seguridad de 9 mm
- Relleno de fibra sintética
- Aguja de tapicería
- Alfileres para sujetar las piezas en su sitio mientras las cose
- Tijeras
- Sombra de ojos negra
- 1 trozo de hilo blanco de 25 cm para bordar los colmillos y los detalles de la ropa

Nota: Trabajará con el ganchillo de 4 mm hasta llegar a la falda, que se hace con el de 2,75 mm.

Abreviaturas

anillo – anillo mágico

aum. – haga 2 p. b. en el mismo p. para aumentar 1 p.

dism. – disminución invisible

p. b. – punto bajo

NOSFERATU (CONTINUACIÓN)

No remate el hilo; trabaje el p. siguiente en la primera pierna y considérelo el primero de la vuelta 8.

Vuelta 8: p. b. (24)

Vueltas 9-15: p. b. (24)

Vuelta 16: (2 p. b., dism.) 6 veces. (18)

Vuelta 17: p. b. (18)

Vuelta 18: (1 p. b., dism.) 6 veces. (12)

Remate el hilo, dejando un cabo largo para coser la pieza.

Brazos (haga 2)

En crudo

Vuelta 1: anillo de 4 p. (4)

Vuelta 2: (1 p. b., aum.) 2 veces. (6)

Vuelta 3: p. b. (6)

Vuelta 4: (1 p. b., aum.) 3 veces. (9)

Cambie al hilo negro.

Vueltas 5-9: p. b. (9)

Remate el hilo, dejando un cabo largo para coser la pieza.

Orejas (haga 2)

En crudo

Vuelta 1: anillo de 4 p. (4)

Vuelta 2: (1 p. b., aum.) 2 veces. (6)

Vuelta 3: (2 p. b., aum.) 2 veces. (8)

Vueltas 4-7: p. b. (8)

Remate el hilo, dejando un cabo largo para coser la pieza.

Primero, cierre la cabeza con un sobrehilado, luego rellene bien el cuerpo, sujételo con alfileres y cóselo a la base de la cabeza.

Falda

Ahora tejerá la parte que cubre las piernas.

En negro

Vuelta 1: Dé la vuelta al muñeco de manera que la espalda quede hacia usted y luego póngalo boca abajo, con los pies hacia arriba. Introduzca el ganchillo de 2,75 mm en el centro de la espalda, entre las vueltas 10 y 11, eche hebra con el nuevo hilo negro y sáquela a través del punto, ciñéndolo bien. Ahora seguirá tejiendo a punto bajo alrededor del cuerpo. Como al hacer nuestros amigurumis trabajamos en redondo, los puntos crean una espiral de manera natural. Esto significa que no conectará el último punto con el punto original, sino que lo trabajará encima o debajo de este, según cómo lo mire. Como este es nuestro caso, tendrá que «saltarse» una vuelta para volver a estar a la misma altura que el punto inicial. Recomiendo hacer este salto solo justo antes del último punto y en la espalda del muñeco. Como esto se apreciará un poco al mirarlo de cerca, prefiero que quede escondido detrás del muñeco. Debería tener unos 24 puntos cuando llegue al punto de inicio.

Vueltas 2-9: p. b. (~24)

Remate el hilo y esconda el cabo.

Montaje

Cosa un brazo a cada lado del cuerpo (no es necesario rellenarlos), y luego una oreja a cada lado de la cabeza. Con las tijeras, corte los cabos sueltos que hayan quedado. Utilice hilo blanco para bordar los colmillos y los detalles de la ropa. ¡Y su Nosferatu ya estará listo para merodear por un castillo abandonado!

MINOTAURO

El minotauro es una criatura que siempre me ha dado mucha lástima.
En la mitología griega, suele representarse como un monstruo grotesco,
mitad hombre y mitad toro. Su trabajo es vigilar un laberinto, y el único
contacto que tiene con humanos es cuando los caza, ya que son su alimento,
¡y un minotauro tiene que hacer lo que hacen los minotauros! Tal vez
consigue que su minotauro cambie de hábitos. A mi me encanta añadirles
a mis muñecos detalles que no sean de hilo, ¡y este minotauro tiene algunos
increíbles que le animo a probar! He hecho el anillo de la nariz con
alambre para manualidades y el taparrabos con fieltro. Toda esta variedad
de texturas le da un acabado único. ¡Pronto verá a lo que me refiero!

Cabeza

En marrón medio

Vuelta 1: anillo de 6 p. (6)

Vuelta 2: (aum.) 6 veces. (12)

Vuelta 3: (1 p. b., aum.) 6 veces. (18)

Vuelta 4: (2 p. b., aum.) 6 veces. (24)

Vuelta 5: (3 p. b., aum.) 6 veces. (30)

Vuelta 6: (4 p. b., aum.) 6 veces. (36)

Vueltas 7-12: p. b. (36)

Vuelta 13: (5 p. b., aum.) 6 veces. (42)

Vueltas 14-16: p. b. (42)

Inserte los ojos entre las vueltas
12 y 13 dejando 7 p. entremedias.
Rellene bien la cabeza mientras va
haciendo disminuciones.

Vuelta 17: (5 p. b., dism.) 6 veces. (36)

Vuelta 18: (4 p. b., dism.) 6 veces. (30)

Vuelta 19: (3 p. b., dism.) 6 veces. (24)

Vuelta 20: (2 p. b., dism.) 6 veces. (18)

Vuelta 21: (1 p. b., dism.) 6 veces. (12)

Vuelta 22: (dism.) 6 veces. (6)

Remate el hilo.

Cuerpo

*Comience por la primera pierna,
en marrón oscuro.*

Vuelta 1: anillo de 6 p. (6)

Vuelta 2: (aum.) 6 veces. (12)

Vuelta 3: (1 p. b., aum.) 6 veces.
(18)

Vuelta 4: p. b. en la laz. tras. (18)

Vuelta 5: p. b. (18)

Cambie al hilo marrón medio.

Vueltas 6-9: p. b. (18)

Remate el hilo.

*Haga la segunda pierna, en
marrón oscuro.*

Vuelta 1: anillo de 6 p. (6)

Vuelta 2: (aum.) 6 veces. (12)

Vuelta 3: (1 p. b., aum.) 6 veces.
(18)

Vuelta 4: p. b. en la laz. tras. (18)

Vuelta 5: p. b. (18)

(continúa)

Materiales

- Ganchillo de 4 mm
- 1 madeja de 198 g de hilo
  de grosor medio de color
  marrón (yo he usado Super
  Saver, de Red Heart, color
  Café Latte)
- 1 madeja de 198 g de hilo
  de grosor medio de color
  marrón oscuro (yo he usado Big Idea, de Crafter's
  Secret, color Brown)
- 1 madeja de 198 g de hilo
  de grosor medio de color
  crudo (yo he usado I Love
  This Yarn, color Linen)
- 1 madeja de 198 g de hilo
  de grosor medio de color
  gris (yo he usado One
  Pound, de Caron, color
  Soft Grey Mix)
- 1 par de ojos de seguridad
  de 12 mm y relleno de
  fibra sintética
- Un trozo de 20 cm de
  alambre de aluminio dorado para manualidades
- 2 láminas de fieltros de dos
  tonos diferentes de marrón
- Aguja de tapicería, alfileres, tijeras y pegamento
  Fabri-Tac o termofusible

Abreviaturas

anillo – anillo mágico

aum. – haga 2 p. b. en el
mismo p. para aumentar 1 p.

cad. – cad.

dism. – disminución invisible

laz. tras. – trabaje solo en la
lazada trasera de los p. de la vuelta

p. b. – punto bajo

MINOTAURO (CONTINUACIÓN)

Cambie al hilo marrón medio.

Vueltas 6-9: p. b. (18)

No remate el hilo; trabaje el p. siguiente en la primera pierna y considérelo el primero de la vuelta 10.

Vueltas 10 y 11: p. b. (36)

Vuelta 12: (4 p. b., dism.) 6 veces. (30)

Vueltas 13-16: p. b. (30)

Vuelta 17: (3 p. b., dism.) 6 veces. (24)

Vueltas 18-20: p. b. (24)

Vuelta 21: (2 p. b., dism.) 6 veces. (18)

Vuelta 22: p. b. (18)

Remate el hilo, dejando un cabo largo para coser la pieza.

Hocico

En marrón medio

Vuelta 1: 7 cad., dele la vuelta y haga p. b. en toda la cad. base, tejiendo 2 p. en cada extremo de la cad. (12)

Vuelta 2: (1 p. b., aum.) 6 veces. (18)

Vueltas 3 y 4: p. b. (18)

Remate el hilo, dejando un cabo largo para coser la pieza.

Antes de dar por terminado el hocico, le pondremos el anillo. Doble el alambre por la mitad de modo que quede bien redondeado. Introduzca los extremos en el hocico y retuérzalos juntos para fijarlos. Asegúrese de que el trozo de alambre que está por fuera queda lo suficientemente suelto para que parezca un anillo que cuelga. Recorte el exceso de alambre del interior del hocico y, más adelante, vaya con cuidado cuando lo rellene para que el anillo no se tuerza o deforme. Si no tiene alambre para manualidades, use hilo dorado o una tira fina de fieltro y, en lugar de retorcer los extremos para fijarlo, haga un nudo.

Orejas (haga 2)

En marrón medio

Vuelta 1: anillo de 6 p. (6)

Vuelta 2: (aum.) 6 veces. (12)

Vuelta 3: (1 p. b., aum.) 6 veces. (18)

Vuelta 4: (2 p. b., aum.) 6 veces. (24)

Doble la oreja por la mitad, dele la vuelta y, sin hacer ninguna cad., una los bordes con p. b. (12)

Remate el hilo, dejando un cabo largo para coser la pieza.

Cuernos (haga 2)

En crudo

Vuelta 1: anillo de 6 p. (6)

Vuelta 2: p. b. (6)

Vuelta 3: (2 p. b., aum.) 2 veces. (8)

Vueltas 4 y 5: p. b. (8)

Vuelta 6: (3 p. b., aum.) 2 veces. (10)

Vueltas 7-11: p. b. (10)

Remate el hilo, dejando un cabo largo para coser la pieza.

Brazos (haga 2)

En marrón medio

Vuelta 1: anillo de 6 p. (6)

Vuelta 2: (aum.) 6 veces. (12)

Vuelta 3: p. b. (12)

Cambie al hilo gris.

Vueltas 4-6: p. b. (12)

Cambie de nuevo al hilo marrón medio.

Vueltas 7-12: p. b. (12)

Remate el hilo, dejando un cabo largo para coser la pieza.

Montaje

Primero, cierre la cabeza con un sobrehilado, rellene bien el cuerpo y có“salo a la cabeza. Después, con alfileres, sujete el hocico al centro de la cara, justo debajo de los ojos, y cóselo. Recomiendo coser alrededor del 75 % del contorno y rellenarlo. Debemos hacerlo con especial cuidado debido al anillo, ya que no queremos doblarlo durante el montaje. Una vez que lo haya rellenado lo suficiente, termine de coserlo.

A continuación, haremos el taparrabos. Corte 2 trapezoides del fieltro de color marrón más claro y péguele al muñeco uno delante y otro detrás. Después, corte una tira larga y fina de fieltro marrón oscuro y péguela cubriendo la parte superior de los dos trapezoides. Esta pieza rodeará la cintura del minotauro y se solapará ligeramente.

Rellene un poco los brazos y cosa uno a cada lado del cuerpo. Cosa una oreja a cada lado de la cabeza y, después, rellene ligeramente los cuernos y cóselos también. (Introducimos poco relleno en los cuernos para luego poder manipularlos ¡y hacer que parezcan más curvados de lo que realmente son!). Con las tijeras, corte los cabos sueltos que hayan quedado. Una vez hecho esto, ¡su minotauro estará listo!

CÍCLOPE

¿Un gigante con un ojo cuya dieta se basa solo en el consumo de humanos y que blande un garrote con destreza? Suena bastante escalofriante… ¡pero fíjate en esa sonrisa! ¡Pura ternura! Seguro que es un incomprendido… ¿no?

A lo largo del tiempo, la mitología griega no ha sido precisamente amable con los cíclopes. ¡Los tildaba de trogloditas caníbales, feroces y con pocas luces! Tal vez, mientras teje el suyo, se forma una opinión de ellos totalmente diferente. Me divertí mucho con este diseño y me encanta cómo ha quedado, ¡así que espero que usted también lo disfrute!

Cabeza

En el tono de piel deseado

Vuelta 1: anillo de 6 p. (6)

Vuelta 2: (aum.) 6 veces. (12)

Vuelta 3: (1 p. b., aum.) 6 veces. (18)

Vuelta 4: (2 p. b., aum.) 6 veces. (24)

Vuelta 5: (3 p. b., aum.) 6 veces. (30)

Vuelta 6: (4 p. b., aum.) 6 veces. (36)

Vueltas 7-12: p. b. (36)

Vuelta 13: (5 p. b., aum.) 6 veces. (42)

Vueltas 14-16: p. b. (42)

Antes de colocar el ojo de seguridad, recorte la pieza de fieltro blanco e insértela por detrás del ojo. Inserte el ojo entre las vueltas 11 y 12. Rellene bien la cabeza mientras va haciendo disminuciones.

Vuelta 17: (5 p. b., dism.) 6 veces. (36)

Vuelta 18: (4 p. b., dism.) 6 veces. (30)

Vuelta 19: (3 p. b., dism.) 6 veces. (24)

Vuelta 20: (2 p. b., dism.) 6 veces. (18)

Vuelta 21: (1 p. b., dism.) 6 veces. (12)

Vuelta 22: (dism.) 6 veces. (6)

Remate el hilo.

Cuerpo

Comience por la primera pierna, en el tono de piel deseado.

Vuelta 1: anillo de 6 p. (6)

Vuelta 2: (aum.) 6 veces. (12)

Vuelta 3: (1 p. b., aum.) 6 veces. (18)

Vueltas 4-8: p. b. (18)

Remate el hilo.

Haga la segunda pierna, en el tono de piel deseado.

Vuelta 1: anillo de 6 p. (6)

Vuelta 2: (aum.) 6 veces. (12)

Vuelta 3: (1 p. b., aum.) 6 veces. (18)

Vueltas 4-8: p. b. (18)

No remate el hilo; trabaje el p. siguiente en la primera pierna y considérelo el primero de la vuelta 9. Asimismo, recomiendo cambiar de color en el último punto de la vuelta 8 de la segunda pierna, ya que la vuelta 9 comienza con otro color.

(continúa)

Materiales

- Ganchillo de 4 mm
- Ganchillo de 2,75 mm
- 1 madeja de 198 g de hilo de grosor medio del tono de piel deseado (yo he usado Super Saver, de Red Heart, color Buff)
- 1 madeja de 198 g de hilo de grosor medio de color marrón oscuro (yo he usado Big Idea, de Crafter's Secret, color Brown)
- 1 madeja de 198 g de hilo de grosor medio de color marrón medio (yo he usado Super Saver, de Red Heart, color Café Latte)
- 1 ojo de seguridad de 15 mm
- Relleno de fibra sintética
- Aguja de tapicería
- Alfileres para sujetar las piezas en su sitio mientras las cose y tijeras
- 1 lámina de fieltro blanco
- Una pequeña cantidad de hilos de bordar negro y blanco, menos de 25 cm de cada

Nota: Trabajará con el ganchillo de 4 mm hasta llegar a la falda, que se hace con el de 2,75 mm.

Abreviaturas

anillo – anillo mágico

aum. – haga 2 p. b. en el mismo p. para aumentar 1 p.

dism. – disminución invisible

p. b. – punto bajo

CÍCLOPE (CONTINUACIÓN)

Cambie al hilo marrón oscuro.

Vueltas 9 y 10: p. b. (36)

Vuelta 11: (4 p. b., dism.) 6 veces. (30)

Vuelta 12: p. b. (30)

Cambie de nuevo al hilo del tono de piel deseado.

Vueltas 13-15: p. b. (30)

Vuelta 16: (3 p. b., dism.) 6 veces. (24)

Vueltas 17-19: p. b. (24)

Vuelta 20: (2 p. b., dism.) 6 veces. (18)

Vuelta 21: p. b. (18)

Remate el hilo, dejando un cabo largo para coser la pieza.

Brazos (haga 2)

Vuelta 1: anillo de 6 p. (6)

Vuelta 2: (aum.) 6 veces. (12)

Vuelta 3: (3 p. b., aum.) 3 veces. (15)

Vuelta 4: p. b. (15)

Vuelta 5: (3 p. b., dism.) 3 veces. (12)

Vueltas 6 y 7: p. b. (12)

Vuelta 8: (4 p. b., dism.) 2 veces. (10)

Vueltas 9-12: p. b. (10)

Remate el hilo, dejando un cabo largo para coser la pieza.

Orejas (haga 2)

Vuelta 1: anillo de 5 p. (5)

Junte todos los puntos a un lado del anillo mágico para crear un semicírculo.

Remate el hilo, dejando un cabo largo para coser la pieza.

Cierre la cabeza con un sobre-hilado. Después, rellene bien el cuerpo y únalo a la cabeza.

Garrote

En marrón oscuro

Vuelta 1: anillo de 6 p. (6)

Vuelta 2: (aum.) 6 veces. (12)

Vueltas 3-5: p. b. (12)

Vuelta 6: (2 p. b., dism.) 3 veces. (9)

Rellene bien el garrote mientras sigue haciendo disminuciones.

Vueltas 7 y 8: p. b. (9)

Vuelta 9: (1 p. b., dism.) 3 veces. (6)

Vuelta 10: p. b. (6)

Remate el hilo, dejando un cabo largo para coser la pieza.

Falda

Ahora tejeremos la falda. Primero, prepare el ganchillo de 2,75 mm y el hilo marrón medio, o del color que quiera hacer la falda. A continuación, dé la vuelta al cíclope y luego póngalo boca abajo.

Introduzca el ganchillo de 2,75 mm en el centro de la espalda, entre las vueltas 11 y 12, eche hebra con el hilo del color elegido y sáquela a través del punto, ciñéndolo bien. Ahora seguirá tejiendo a punto bajo alrededor del cuerpo. Como al hacer nuestros amigurumis trabajamos en redondo, los puntos crean una espiral de manera natural. Esto significa que no conectará el último punto con el punto original, sino que lo trabajará encima o debajo de este, según cómo lo mire. Como este es nuestro caso, tendrá que «saltarse» una vuelta para volver a estar a la misma altura que el punto inicial.

Recomiendo hacer este salto solo justo antes del último punto y en la espalda del muñeco. Como esto se apreciará un poco al mirarlo de cerca, prefiero que quede escondido detrás del muñeco.

Una vez que se haya saltado ese punto, volverá a estar a la misma altura que el punto inicial y podrá cerrar la vuelta haciendo 1 p. b. en el punto original. Esto lo consideraremos el final de la vuelta 1, que debe tener 30 puntos en total. (Si tiene alguno más o menos, no se preocupe; lo importante es que haya completado la vuelta y haya obtenido una bonita hilera de puntos sobre los que trabajar las vueltas siguientes).

Vuelta 2: 1 p. b. en cada punto original que ha trabajado como base. (~30)

Vuelta 3: (1 p. b., aum.) 15 veces. (~45)

De nuevo, no se preocupe si su recuento de puntos varía un poco, usted siga tejiendo. ¡La falda le quedará estupenda igualmente!

Vueltas 4 y 5: p. b. (~45)

Remate el hilo, dejando un cabo largo para que pueda pasarlo por el tejido de la falda y esconderlo en el cuerpo.

Montaje

Una vez que haya escondido los cabos sueltos de la falda, rellene un poco los brazos y cosa uno a cada lado del cuerpo. Con alfileres, sujete una oreja a cada lado de la cabeza y cósalas. Por último, cosa el garrote a la mano del cíclope. El toque final consiste en bordar la sonrisa (o una mueca si quiere darle un aspecto más feroz); utilice hilo de bordar negro y luego haga los pequeños dientes en los extremos de la boca con hilo blanco. Por supuesto, ¡tiene total libertad artística para hacer a su cíclope como quiera! Con las tijeras, corte los cabos sueltos que hayan quedado y escóndalos.

MANTÍCORA

La mantícora es una bestia con rasgos de león, cola de escorpión y alas de dragón que devora personas. Son feroces depredadores procedentes de la mitología griega (dados sus rasgos, seguro que ya se lo había imaginado). Cuando van en manada, son aún más peligrosas… ¡Así que tenga esto en cuenta si tiene previsto hacer varias! No obstante, la criatura a la que más temen es el dragón. Por tanto, si tiene pensado tejer también al dragón (página 139), ¡ya se encargará él de mantenerlas a raya! Una de mis partes preferidas de hacer es la melena. Puede parecer aburrido el hecho de ir añadiendo todo esos hilos, pero, una vez terminada, ¡queda tan suave y resulta tan agradable de acariciar!

Cabeza

En amarillo claro

Vuelta 1: anillo de 6 p. (6)

Vuelta 2: (aum.) 6 veces. (12)

Vuelta 3: (1 p. b., aum.) 6 veces. (18)

Vuelta 4: (2 p. b., aum.) 6 veces. (24)

Vuelta 5: (3 p. b., aum.) 6 veces. (30)

Vueltas 6-10: p. b. (30)

Vuelta 11: (4 p. b., aum.) 6 veces. (36)

Vueltas 12-15: p. b. (36)

Ponga los ojos entre las vueltas 10 y 11 dejando 6 p. entremedias. Rellene bien la cabeza mientras va haciendo disminuciones.

Vuelta 16: (4 p. b., dism.) 6 veces. (30)

Vuelta 17: (3 p. b., dism.) 6 veces. (24)

Vuelta 18: (2 p. b., dism.) 6 veces. (18)

Vuelta 19: (1 p. b., dism.) 6 veces. (12)

Vuelta 20: (dism.) 6 veces. (6)

Remate el hilo.

(continúa)

Materiales

- Ganchillo de 4 mm
- 1 madeja de 198 g de hilo de grosor medio de color amarillo claro (yo he usado I Love This Yarn, color Buttercap)
- 1 madeja de 198 g de hilo de grosor medio de color rojo (yo he usado Simply Soft, de Caron, color Autumn Red)
- 1 madeja de 198 g de hilo de grosor medio de color marrón (yo he usado Big Idea, de Crafter's Secret, color Brown)
- 1 par de ojos de seguridad de 9 mm
- Relleno de fibra sintética
- Aguja de tapicería
- Alfileres para sujetar las piezas en su sitio mientras las cose
- Tijeras
- 1 trozo de hilo negro de 25 cm para bordar la nariz

Abreviaturas

anillo – anillo mágico

aum. – haga 2 p. b. en el mismo p. para aumentar 1 p.

cad. – cad.

dism. – disminución invisible

p. b. – punto bajo

MANTÍCORA (CONTINUACIÓN)

Hocico

En amarillo claro

Vuelta 1: anillo de 6 p. (6)

Vuelta 2: (aum.) 6 veces. (12)

Vuelta 3: (3 p. b., aum.) 3 veces. (15)

Vueltas 4-6: p. b. (15)

Remate el hilo, dejando un cabo largo para coser la pieza

Orejas (haga 2)

En amarillo claro

Vuelta 1: anillo de 6 p. (6)

Vuelta 2: (2 p. b., aum.) 2 veces. (8)

Vuelta 3: p. b. (8)

Remate el hilo, dejando un cabo largo para coser la pieza.

Patas (haga 4)

En amarillo claro

Vuelta 1: anillo de 6 p. (6)

Vuelta 2: (aum.) 6 veces. (12)

Vueltas 3-9: p. b. (12)

Remate el hilo, dejando un cabo largo para coser la pieza.

Cuernos (haga 2)

En rojo

Vuelta 1: anillo de 6 p. (6)

Vueltas 2-4: p. b. (6)

Remate el hilo, dejando un cabo largo para coser la pieza.

Cuerpo

En amarillo claro

Vuelta 1: anillo de 6 p. (6)

Vuelta 2: (aum.) 6 veces. (12)

Vuelta 3: (1 p. b., aum.) 6 veces. (18)

Vuelta 4: (2 p. b., aum.) 6 veces. (24)

Vueltas 5-15: p. b. (24)

Vuelta 16: (2 p. b., dism.) 6 veces. (18)

Remate el hilo, dejando un cabo largo para coser la pieza.

Alas (haga 2)

Las alas no se trabajan en redondo, sino en hileras. Lea el patrón detenidamente.

En rojo

Hilera 1: 5 cad., dele la vuelta.

Hilera 2: Empezando en la 2.ª cad. desde el ganchillo, 4 p. b., 4 cad., dele la vuelta.

Hilera 3: Empezando en la 2.ª cad. desde el ganchillo, 7 p. b., 1 cad., dele la vuelta.

Hilera 4: Empezando en la 2.ª cad. desde el ganchillo, 4 p. b., 4 cad., dele la vuelta.

Hilera 5: Empezando en la 2.ª cad. desde el ganchillo, 7 p. b., 3 cad., dele la vuelta.

Hilera 6: Empezando en la 2.ª cad. desde el ganchillo, 6 p. b., 4 cad., dele la vuelta.

Hilera 7: Empezando en la 2.ª cad. desde el ganchillo, 9 p. b., no haga cad. ni le dé la vuelta.

Hilera 8: p. b. alrededor de la parte superior del ala (trabajará puntos espaciados de manera uniforme a lo largo de este cordoncillo).

Remate el hilo, dejando un cabo largo para coser la pieza.

Cola: segmentos redondos (haga 3)

En rojo

Vuelta 1: anillo de 6 p. (6)

Vuelta 2: (aum.) 6 veces. (12)

Vueltas 3-5: p. b. (12)

Vuelta 6: (dism.) 6 veces. (6)

Remate el hilo, dejando un cabo largo para coser la pieza.

Cola: aguijón (haga 1)

En rojo

Vuelta 1: anillo de 4 p. (4)

Vuelta 2: aum., 3 p. b. (5)

Vuelta 3: aum., 4 p. b. (6)

Vuelta 4: aum., 5 p. b. (7)

Vuelta 5: aum., 6 p. b. (8)

Remate el hilo, dejando un cabo largo para coser la pieza.

Montaje

Primero, cierre la cabeza con un sobrehilado. Después, rellene el hocico, sujételo a la cabeza con alfileres, justo entre los ojos, y cóselo. Después, rellene el cuerpo y cóselo a la parte posterior de la cabeza. Nuestra mantícora estará echada boca abajo, de manera que la barriga toca el suelo y está a la misma altura que la parte inferior de la cabeza. A continuación, cosa las orejas y los cuernos encima de la cabeza (no es necesario rellenarlos). Yo coloqué los cuernos un poco más hacia la frente para que las orejas pudieran quedar en medio de la melena.

Para hacer la melena, hay que cortar unos 100 trozos de 10 cm de hilo marrón. Empiece a atarlos a la cabeza a modo de flecos con la técnica *latch hook*. Una vez que tenga una bonita y tupida melena, debe recortarla. Hágalo con cuidado: si le recorta demasiado, ya no hay marcha atrás. Si la recorta demasiado y no le convence el resultado, puede retirar los hilos de esa sección y volver a empezar. Borde la nariz con hilo negro.

Después, rellene las patas y cóselas al cuerpo. Quería hacer a mi mantícora tumbada boca abajo y con las patas extendidas, estilo rana, así que tuve cuidado al coser las patas para asegurarme de que quedaban a la altura de la barriga y que no alzaban el cuerpo. Yo siempre recomiendo sujetar las patas con alfileres antes de coserlas y luego comprobar que la posición sigue siendo la adecuada después de coser cada una. Es fácil

que se suelte un alfiler y la extremidad se mueva; es cuando la cosemos que nos damos cuenta de que el muñeco no ha quedado tan simétrico como habíamos previsto.

Con alfileres, sujete las alas a la espalda de la mantícora en la posición que más le guste y cóselas.

Ahora toca montar la última parte: ¡la cola! Primero rellene bien todos los segmentos redondos; no hace falta rellenar el aguijón. Sujete con alfileres el primer segmento redondo a la espalda de la mantícora, en el lugar donde quiere que empiece la cola, y cóselo. Después, coloque el segundo segmento redondo a continuación del primero para empezar a crear la forma curvada de la cola.

Cuando esté satisfecho con la posición, cóselo. Repita este paso para añadir el tercero y último segmento redondo. A continuación, solo queda coser el aguijón: los aumentos que se han hecho al tejer la pieza ya le han dado una forma curvada. Utilice eso a su favor al coserlo, para que complete la curva que ha creado al coser los segmentos redondos. Con las tijeras, corte los cabos sueltos que hayan quedado. ¡Y su mantícora estará terminada!

Capítulo 3

CRIATURAS DE LAS PROFUNDIDADES

El océano es uno de los últimos lugares más desconocidos de la Tierra: ¡un 80% sigue siendo inexplorado! Hay miles de cuevas profundas, volcanes subacuáticos... y potenciales portales a otros mundos. Ahora en serio: los océanos son fascinantes incluso sin necesidad de añadirles leyendas y mitos. ¡Pero este libro no va de eso! En el capítulo siguiente, conoceremos a varias criaturas acuáticas realmente bellas y adorables, desde una sirena (página 65) hasta un kaiju (página 79). Estoy segura de que sentirá la necesidad de añadir alguna de ellas a su colección. En mi caso fue el kappa (página 75). ¡Este pequeñín me robó el corazón!

KRAKEN

Los krakens son cefalópodos gigantes que viven en las costas de Escandinavia. Y, cuando digo gigantes, quiero decir muy pero que muy grandes. ¡Supuestos avistamientos aseguran que miden más de 1,6 km de longitud! Son increíblemente fuertes y ágiles, y, según las leyendas, han acechado a los marineros desde el principio de los tiempos. No creo que fuera posible hacer un kraken a tamaño real a ganchillo ni siquiera si uno dedicara su vida entera a ello, ¡y por eso yo he creado una versión en miniatura! Son mucho más monos cuando son más pequeños... ¡y también menos peligrosos! Tenga cuidado con la comida que le da y el espacio que le deja para crecer: ¡no queremos que la cosa se nos vaya de las manos! Este patrón seguramente sea el más rápido de realizar del libro, y además es ideal para aprovechar algún resto de hilo, ¡ya que requiere poca cantidad!

Materiales

- Ganchillo de 4 mm
- 1 madeja de 198 g de hilo muy grueso de color verde (yo he usado un hilo descatalogado de Big Twist, pero el hilo Value, de Big Twist, color Varsity Green, a doble hebra quedaría muy parecido)
- 1 par de ojos de seguridad de 9 mm
- Relleno de fibra sintética
- Aguja de tapicería
- Alfileres para sujetar las piezas en su sitio mientras las cose
- Tijeras

Abreviaturas

anillo – anillo mágico

aum. – haga 2 p. b. en el mismo p. para aumentar 1 p.

cad. – cad.

dism. – disminución invisible

p. b. – punto bajo

p. m. a. – punto medio alto

p. r. – punto raso

Cabeza/cuerpo

Vuelta 1: anillo de 6 p. (6)

Vuelta 2: (aum.) 6 veces. (12)

Vuelta 3: (1 p. b., aum.) 6 veces. (18)

Vuelta 4: (2 p. b., aum.) 6 veces. (24)

Vueltas 5-8: p. b. (24)

Vuelta 9: (dism.) 4 veces, 1 p. b. en cada uno de los 16 p. restantes. (20)

Vuelta 10: (dism.) 2 veces, 1 p. b. en cada uno de los 16 p. restantes. (18)

Vueltas 11-13: p. b. (18)

Vuelta 14: (dism.) 2 veces, 1 p. b. en cada uno de los 14 p. restantes. (16)

Inserte los ojos entre las vueltas 12 y 13 dejando 6 p. entremedias. Colóquelos en la parte «delantera» del kraken (la «trasera» es donde están las disminuciones).

Rellene bien la cabeza/cuerpo mientras sigue tejiendo a partir de aquí.

Tentáculos (haga 8)

En la vuelta siguiente, haremos los tentáculos; tómese su tiempo y léase las instrucciones con calma.

Vuelta 15: 1 p. r. en el p. siguiente, ([16 cad., dele la vuelta, 1 p. b. en cada uno de los 10 p. siguientes empezando en la 2.ª cad. desde el ganchillo, 1 p. m. a. en cada uno de los 5 p. restantes]. Sáltese el siguiente p. del cuerpo que queda justo a continuación y haga 1 p. r. en el p. siguiente); repita estas instrucciones 8 veces.

Cuando termine el último tentáculo, remate el hilo.

(continúa)

KRAKEN (CONTINUACIÓN)

Pieza de cierre

Vuelta 1: anillo de 6 p. (6)

Vuelta 2: (aum.) 6 veces. (12)

Remate el hilo, dejando un cabo largo para coser la pieza.

Este pieza es intencionadamente más pequeña que la abertura de la cabeza/cuerpo para que pueda remeterse un poco dentro del kraken.

Montaje

Después de haber rellenado bien la cabeza/cuerpo, inserte la pieza de cierre en el cuerpo y cósala. Con las tijeras, corte el cabo suelto que ha quedado. Retuerza los tentáculos para ayudarlos a enroscarse siguiendo su curvatura natural, ¡y listo! ¡Su kraken está hecho!

SIRENA

Los pocos avistamientos relatados por marineros y supervivientes de naufragios describen las sirenas como bellas criaturas que son mitad mujer y mitad pez. Pero, dependiendo de con quién hable, algunos aseguran que las sirenas atraen a los marineros hacia las tormentas y el desastre, mientras que otros afirman que intentan salvar a quienes se ahogan. ¡A mí me gusta creer esto último! Este patrón es extremadamente versátil: las combinaciones de colores son infinitas, y puede hacer el pelo como quiera.

Materiales

- Ganchillo de 4 mm
- 1 madeja de 198 g de hilo de grosor medio en el tono de piel deseado (yo he usado I Love This Yarn, color Toasted Almond)
- 1 madeja de 198 g de hilo de grosor medio de color morado (yo he usado Simply Soft, de Caron, color Lavender Blue)
- 1 par de ojos de seguridad de 9 mm
- Relleno de fibra sintética
- Aguja de tapicería
- Alfileres para sujetar las piezas en su sitio mientras las cose
- Tijeras
- Pegamento Fabri-Tac o termofusible

Abreviaturas

anillo – anillo mágico

aum. – haga 2 p. b. en el mismo p. para aumentar 1 p.

dism. – disminución invisible

p. b. – punto bajo

Cabeza

En el tono de piel deseado

Vuelta 1: anillo de 6 p. (6)

Vuelta 2: (aum.) 6 veces. (12)

Vuelta 3: (1 p. b., aum.) 6 veces. (18)

Vuelta 4: (2 p. b., aum.) 6 veces. (24)

Vuelta 5: (3 p. b., aum.) 6 veces. (30)

Vuelta 6: (4 p. b., aum.) 6 veces. (36)

Vueltas 7-15: p. b. (36)

Inserte los ojos entre las vueltas 11 y 12 dejando 6 p. entremedias. Empiece a rellenar la cabeza mientras va haciendo disminuciones.

Vuelta 16: (4 p. b., dism.) 6 veces. (30)

Vuelta 17: (3 p. b., dism.) 6 veces. (24)

Vuelta 18: (2 p. b., dism.) 6 veces. (18)

Vuelta 19: (1 p. b., dism.) 6 veces. (12)

Vuelta 20: (dism.) 6 veces. (6)

Remate el hilo.

Base del pelo

En morado

Vuelta 1: anillo de 6 p. (6)

Vuelta 2: (aum.) 6 veces. (12)

Vuelta 3: (1 p. b., aum.) 6 veces. (18)

Vuelta 4: (2 p. b., aum.) 6 veces. (24)

Vuelta 5: (3 p. b., aum.) 6 veces. (30)

Vuelta 6: (4 p. b., aum.) 6 veces. (36)

Vueltas 7-11: p. b. (36)

Remate el hilo, dejando un cabo extralargo para coser la pieza.

Pelo

Para hacer un cabello como el de la muñeca de la imagen, primero cosa la base del pelo encima de la cabeza. No corte el cabo suelto; lo utilizaremos para coser los «pelos». Si no es lo suficientemente largo (necesitará unos 25 cm), corte otro trozo de hilo. Pase el trozo de hilo hacia la parte delantera de la base del pelo; aquí es por donde empezaremos a añadir los «pelos».

(continúa)

SIRENA (CONTINUACIÓN)

Después, corte unos 40 trozos de hilo morado de unos 20 cm. Empiece a coser grupos de hilos a la base del pelo. Considero que lo ideal es trabajar con grupos de 4 hilos. Mantenga la línea de costura recta, ya que será la raya del pelo. Tire bien del hilo de coser cada vez que fije un grupo de «pelos», y mantenga la tensión mientras sigue con el proceso. Normalmente yo dejo de añadir grupos de hilos cuando llego a la parte posterior de la cabeza (donde los «pelos» se tendrían que unir en vertical). El último paso consiste en aplicar una línea muy fina de pegamento a cada lado de la raya para asegurarse de que los pelos no se desprenden de la costura recién creada. Recuerde que un poquito de pegamento da para mucho, así que aplíquelo en una línea muy fina. No queremos que se esparza por el pelo y resulte visible. Deje la cabeza en un sitio seguro mientras el pegamento se seca. De momento deje el pelo largo; ¡cortarlo será el último paso!

Cuerpo

En morado

Vuelta 1: anillo de 6 p. (6)

Vuelta 2: p. b. (6)

Vuelta 3: (1 p. b., aum.) 3 veces. (9)

Vuelta 4: p. b. (9)

Vuelta 5: (2 p. b., aum.) 3 veces. (12)

Vuelta 6: p. b. (12)

Vuelta 7: (3 p. b., aum.) 3 veces. (15)

Vueltas 8 y 9: p. b. (15)

Vuelta 10: (4 p. b., aum.) 3 veces. (18)

Vueltas 11 y 12: p. b. (18)

Vuelta 13: (5 p. b., aum.) 3 veces. (21)

Vueltas 14 y 15: p. b. (21)

Vuelta 16: (6 p. b., aum.) 3 veces. (24)

Vuelta 17: p. b. (24)

Cambie al hilo del tono de piel deseado.

Vueltas 18-20: p. b. (24)

Vuelta 21: (2 p. b., dism.) 6 veces. (18)

Cambie al hilo morado.

Vueltas 22-24: p. b. (18)

Cambie al hilo del tono de piel deseado.

Vuelta 25: (1 p. b., dism.) 6 veces. (12)

Vuelta 26: p. b. (12)

Remate el hilo, dejando un cabo largo para coser la pieza.

Brazos (haga 2)

En el tono de piel deseado

Vuelta 1: anillo de 6 p. (6)

Vueltas 2-11: p. b. (6)

Remate el hilo, dejando un cabo largo para coser la pieza.

Aletas de la cola (haga 2)

En morado

Vuelta 1: anillo de 4 p. (4)

Vuelta 2: (1 p. b., aum.) 2 veces. (6)

Vuelta 3: (2 p. b., aum.) 2 veces. (8)

Vuelta 4: (3 p. b., aum.) 2 veces. (10)

Vuelta 5: (4 p. b., aum.) 2 veces. (12)

Vueltas 6 y 7: p. b. (12)

Vuelta 8: (4 p. b., dism.) 2 veces. (10)

Vuelta 9: (3 p. b., dism.) 2 veces. (8)

Remate el hilo, dejando un cabo largo para coser la pieza.

Montaje

Una vez seco el pegamento, cierre la parte inferior de la cabeza con un sobrehilado. Rellene bien el cuerpo, asegurándose de que el relleno llegue a la punta de la cola. Cosa el cuerpo a la parte inferior de la cabeza. Con alfileres, sujete un brazo a cada lado del cuerpo y cósalos (no es necesario rellenarlos). Después, aplane las aletas y cósalas en la punta de la cola (no es necesario rellenarlas). Con las tijeras, corte los cabos sueltos que hayan quedado. Por último, recorte el pelo. Hágalo despacio: siempre puede recortarlo más, pero, si se pasa, no habrá mucho que pueda hacer para arreglarlo. Una vez que el pelo tenga la longitud deseada, ¡su sirena estará lista!

KELPIE

Los kelpies son caballos acuáticos sobrenaturales del folklore celta, aunque hay variantes de la misma bestia en otras culturas. Pueden transformarse en caballos terrestres o en humanos, y atraen a mortales incautos hasta el agua, ¡donde tendrán el medio a su favor y se los podrán zampar! ¡Manténgase bien lejos de estos depredadores! Pese a ser monstruos, son muy bellos, así que aquí tiene un patrón para crear uno a ganchillo. Como es bastante pequeño, debería poder defenderse si se vuelve contra usted.

Materiales

- Ganchillo de 4 mm
- 1 madeja de 198 g de hilo de grosor medio de color verde medio (yo he usado I Love This Yarn, color Light Sage)
- 1 madeja de 198 g de hilo de grosor medio de color verde oscuro (yo he usado I Love This Yarn, color Forest Green)
- 1 par de ojos de seguridad de 9 mm
- Relleno de fibra sintética
- Aguja de tapicería
- Alfileres para sujetar las piezas en su sitio mientras las cose
- Tijeras

Abreviaturas

anillo – anillo mágico

aum. – haga 2 p. b. en el mismo p. para aumentar 1 p.

dism. – disminución invisible

p. b. – punto bajo

Cabeza

En verde medio

Vuelta 1: anillo de 6 p. (6)

Vuelta 2: (aum.) 6 veces. (12)

Vuelta 3: (1 p. b., aum.) 6 veces. (18)

Vuelta 4: (2 p. b., aum.) 6 veces. (24)

Vueltas 5-8: p. b. (24)

Vuelta 9: (3 p. b., aum.) 6 veces. (30)

Vuelta 10: (4 p. b., aum.) 6 veces. (36)

Vueltas 11-13: p. b. (36)

Vuelta 14: (4 p. b., dism.) 6 veces. (30)

Vuelta 15: p. b. (30)

Inserte los ojos entre las vueltas 9 y 10 dejando 9 p. entremedias. Empiece a rellenar la cabeza mientras va haciendo disminuciones.

Vuelta 16: (3 p. b., dism.) 6 veces. (24)

Vuelta 17: (2 p. b., dism.) 6 veces. (18)

Vuelta 18: (1 p. b., dism.) 6 veces. (12)

Vuelta 19: (dism.) 6 veces. (6)

Remate el hilo.

Orejas (haga 2)

En verde medio

Vuelta 1: anillo de 4 p. (4)

Vuelta 2: (1 p. b., aum.) 2 veces. (6)

Vuelta 3: (2 p. b., aum.) 2 veces. (8)

Vuelta 4: (3 p. b., aum.) 2 veces. (10)

Vuelta 5: (4 p. b., aum.) 2 veces. (12)

Vueltas 6 y 7: p. b. (12)

Vuelta 8: (dism.) 6 veces. (6)

Remate el hilo, dejando un cabo largo para coser la pieza.

(continúa)

KELPIE (CONTINUACIÓN)

Cuerpo

En verde medio

Vuelta 1: anillo de 6 p. (6)

Vuelta 2: (aum.) 6 veces. (12)

Vuelta 3: (1 p. b., aum.) 6 veces. (18)

Vuelta 4: (2 p. b., aum.) 6 veces. (24)

Vuelta 5: (3 p. b., aum.) 6 veces. (30)

Vueltas 6-9: p. b. (30)

Vuelta 10: (3 p. b., dism.) 6 veces. (24)

Vueltas 11-15: p. b. (24)

Vuelta 16: (2 p. b., dism.) 6 veces. (18)

Vuelta 17: (1 p. b., dism.) 6 veces. (12)

Remate el hilo, dejando un cabo largo para coser la pieza.

Patas (haga 2)

En verde oscuro

Vuelta 1: anillo de 6 p. (6)

Vuelta 2: (aum.) 6 veces. (12)

Vuelta 3: (3 p. b., aum.) 3 veces. (15)

Vueltas 4 y 5: p. b. (15)

Vuelta 6: (3 p. b., dism.) 3 veces. (12)

Cambie al hilo verde medio.

Vueltas 7-9: p. b. (12)

Vuelta 10: (2 p. b., dism.) 3 veces. (9)

Vueltas 11-15: p. b. (9)

Remate el hilo, dejando un cabo largo para coser la pieza.

Cola

En verde medio

Vuelta 1: anillo de 6 p. (6)

Vuelta 2: p. b. (6)

Vuelta 3: (1 p. b., aum.) 3 veces. (9)

Vuelta 4: p. b. (9)

Vuelta 5: (2 p. b., aum.) 3 veces. (12)

Vuelta 6: p. b. (12)

Vuelta 7: (3 p. b., aum.) 3 veces. (15)

Vueltas 8 y 9: p. b. (15)

Vuelta 10: (4 p. b., aum.) 3 veces. (18)

Vueltas 11 y 12: p. b. (18)

Vuelta 13: (5 p. b., aum.) 3 veces. (21)

Vueltas 14 y 15: p. b. (21)

Vuelta 16: (6 p. b., aum.) 3 veces. (24)

Vuelta 17: p. b. (24)

Remate el hilo, dejando un cabo largo para coser la pieza.

Aletas de la cola (haga 2)

En verde medio

Vuelta 1: anillo de 4 p. (4)

Vuelta 2: (1 p. b., aum.) 2 veces. (6)

Vuelta 3: (2 p. b., aum.) 2 veces. (8)

Vuelta 4: (3 p. b., aum.) 2 veces. (10)

Vuelta 5: (4 p. b., aum.) 2 veces. (12)

Vueltas 6 y 7: p. b. (12)

Vuelta 8: (4 p. b., dism.) 2 veces. (10)

Vuelta 9: (3 p. b., dism.) 2 veces. (8)

Remate el hilo, dejando un cabo largo para coser la pieza.

Montaje

Cierre la cabeza con un sobrehilado, luego rellene bien el cuerpo y cósalo a la parte inferior de la cabeza. Rellene las patas y cósalas a lado y lado de la parte delantera del cuerpo, colocándolas de manera que el kelpie se apoye en ellas y se sostenga; las patas harán que se mantenga erguido. Después, rellene la cola y sujétela con alfileres a la parte posterior del cuerpo. Yo la curvé un poco hacia un lado para que las aletas resulten visibles incluso si el amigurumi se observa de frente. Una vez que le guste cómo queda, cósala; la cola también puede ayudar a sostener el muñeco si las patas delanteras no son suficientes. Cosa las aletas a la punta de la cola, una a cada lado (no es necesario rellenarlas). Cosa las orejas encima de la cabeza (no es necesario rellenarlas). Con las tijeras, corte los cabos sueltos que hayan quedado.

Por último, haremos la crin. Primero corte unos 60 trozos de hilo de 13 cm de color verde oscuro. Ate cada hilo a la cabeza a modo de fleco con la técnica *latch hook*. La crin de mi kelpie tiene 4 hilos de ancho; empieza justo delante de las orejas y se dirige hacia la parte posterior de la cabeza. Cuando la crin esté tan tupida como desea, puede recortarla o dejarla larga. Yo no la corté; ¡ya me gustaba con esta longitud! Una vez que la crin tenga la longitud y el espesor deseados, ¡ya habrá completado a su kelpie!

GRINDYLOW

Los grindylows o demonios de agua son pequeños espíritus acuáticos del folklore inglés. Son seres monstruosos y famélicos que viven en aguas pocos profundas de lagos y pantanos, ¡y cazan a los niños pequeños que se aventuran demasiado cerca de la orilla! Siempre intento transformar seres malvados y grotescos en pequeñas criaturas adorables, y espero que, en este caso, ¡pueda apreciar mi esfuerzo! Disfrute tejiendo a sus grindylows y, recurriendo a la función de las leyendas, utilícelos para recordar a los niños que no deben acercarse al agua sin la supervisión de un adulto.

Materiales

- Ganchillo de 4 mm
- 1 madeja de 198 g de hilo de grosor medio de color verde claro (yo he usado Impeccable™, de Loops & Threads®, color Fern)
- 1 par de ojos de seguridad de 12 mm
- Relleno de fibra sintética
- Aguja de tapicería
- Alfileres para sujetar las piezas en su sitio mientras las cose
- Tijeras
- Un trozo de 25 cm de hilo blanco
- Un trozo de 25 cm de hilo de bordar negro

Abreviaturas

anillo – anillo mágico
aum. – haga 2 p. b. en el mismo p. para aumentar 1 p.
dism. – disminución invisible
p. b. – punto bajo

Cabeza

Vuelta 1: anillo de 6 p. (6)

Vuelta 2: (aum.) 6 veces. (12)

Vuelta 3: (1 p. b., aum.) 6 veces. (18)

Vuelta 4: (2 p. b., aum.) 6 veces. (24)

Vuelta 5: (3 p. b., aum.) 6 veces. (30)

Vuelta 6: (4 p. b., aum.) 6 veces. (36)

Vueltas 7-11: p. b. (36)

Vuelta 12: (5 p. b., aum.) 6 veces. (42)

Vueltas 13-15: p. b. (42)

Inserte los ojos entre las vueltas 12 y 13 dejando 7 p. entremedias. Rellene bien la cabeza mientras va haciendo disminuciones.

Vuelta 16: (5 p. b., dism.) 6 veces. (36)

Vuelta 17: (4 p. b., dism.) 6 veces. (30)

Vuelta 18: (3 p. b., dism.) 6 veces. (24)

Vuelta 19: (2 p. b., dism.) 6 veces. (18)

Vuelta 20: (1 p. b., dism.) 6 veces. (12)

Vuelta 21: (dism.) 6 veces. (6)

Remate el hilo.

Cuerpo

Vuelta 1: anillo de 6 p. (6)

Vuelta 2: (aum.) 6 veces. (12)

Vuelta 3: (1 p. b., aum.) 6 veces. (18)

Vuelta 4: (2 p. b., aum.) 6 veces. (24)

Vuelta 5: (3 p. b., aum.) 6 veces. (30)

Vueltas 6-12: p. b. (30)

Vuelta 13: (3 p. b., dism.) 6 veces. (24)

Vuelta 14: p. b. (24)

Vuelta 15: (2 p. b., dism.) 6 veces. (18)

Vuelta 16: p. b. (18)

Remate el hilo, dejando un cabo largo para coser la pieza.

(continúa)

GRINDYLOW (CONTINUACIÓN)

Tentáculos (haga 6)

Vuelta 1: anillo de 6 p. (6)

Vuelta 2: p. b. (6)

Vuelta 3: (2 p. b., aum.) 2 veces. (8)

Vuelta 4: p. b. (8)

Vuelta 5: (3 p. b., aum.) 2 veces. (10)

Vueltas 6 y 7: p. b. (10)

Vuelta 8: (4 p. b., aum.) 2 veces. (12)

Vueltas 9-11: p. b. (12)

Vuelta 12: (5 p. b., aum.) 2 veces. (14)

Remate el hilo, dejando un cabo largo para coser la pieza.

Brazos (haga 2)

Comience por el primer dedo.

Vuelta 1: anillo de 6 p. (6)

Vueltas 2 y 3: p. b. (6)

Remate el hilo.

Haga el segundo dedo.

Vuelta 1: anillo de 6 p. (6)

Vueltas 2 y 3: p. b. (6)

No remate el hilo; trabaje el p. siguiente en el primer dedo y considérelo el primero de la vuelta 4.

Vuelta 4: p. b. (12)

Vuelta 5: (dism.) 6 veces. (6)

Vueltas 6-9: p. b. (6)

Remate el hilo, dejando un cabo largo para coser la pieza.

Tentáculos de la cabeza (haga 2)

Vuelta 1: anillo de 6 p. (6)

Vuelta 2: p. b. (6)

Vuelta 3: (2 p. b., aum.) 2 veces. (8)

Vuelta 4: p. b. (8)

Vuelta 5: (3 p. b., aum.) 2 veces. (10)

Vuelta 6: p. b. (10)

Vuelta 7: (4 p. b., aum.) 2 veces. (12)

Vueltas 8-10: p. b. (12)

Remate el hilo, dejando un cabo largo para coser la pieza.

Montaje

Cierre la parte inferior de la cabeza con un sobrehilado. Rellene el cuerpo y cósalo a la parte inferior de la cabeza. Rellene bien cada tentáculo y sujételos con alfileres, espaciados de manera uniforme, alrededor de la parte inferior del cuerpo. Cósalos de uno en uno, comprobando que el muñeco se sostenga bien después de coser cada uno. A continuación, cosa un brazo a cada lado del cuerpo (no es necesario rellenarlos). Con alfileres, sujete un tentáculo de la cabeza a cada lado de la cara y cósalos (tampoco es necesario rellenarlos). Con las tijeras, corte los cabos sueltos de las piezas que ha cosido.

Para terminar, borde los detalles del rostro. Con el hilo blanco, borde 4 dientes superiores y 4 inferiores en el centro de la cara. Con el hilo negro, borde el contorno de la boca alrededor de los dientes. Por último, corte un trozo de hilo verde claro, de unos 25 cm, y borde los párpados y la pequeña nariz. ¡Su grindylow está listo!

KAPPA

Los kappas son demonios acuáticos del folklore japonés. Son anfibios del tamaño de un niño humano, pero con escamas y rasgos más parecidos a los de las tortugas. Su característica más destacada, a parte del caparazón, es el «plato» que tienen encima de la cabeza. Su propósito es retener agua, su fuente de vida, cuando se aventuran fuera del agua. Si el agua se secara o se derramara mientras están en tierra firme, ¡tendrían un grave problema! Debo decir que, de todos los diseños de este libro, este ha sido el más divertido de crear; es sin duda mi favorito. ¡Espero que le guste tanto como a mí!

Materiales

- Ganchillo de 4 mm
- 1 madeja de 198 g de hilo de grosor medio de color verde kiwi (yo he usado Everyday®, de Premier® Yarns, color Kiwi)
- 1 madeja de 198 g de hilo de grosor medio de color verde oscuro (yo he usado Simply Soft, de Caron, color Dark Sage)
- 1 madeja de 198 g de hilo de grosor medio de color amarillo (yo he usado Value, de Big Twist, color Pale Yellow)
- 1 madeja de 198 g de hilo de grosor medio de color marrón (yo he usado Super Saver, de Red Heart, color Coffee)
- 1 madeja de 198 g de hilo de grosor medio de color blanco (yo he usado Value, de Big Twist, color White)
- 1 par de ojos de seguridad de 12 mm
- Relleno de fibra sintética
- Aguja de tapicería
- Alfileres para sujetar las piezas en su sitio mientras las cose
- Tijeras
- 1 lámina de fieltro blanco

Cabeza

En verde kiwi

Vuelta 1: anillo de 6 p. (6)

Vuelta 2: (aum.) 6 veces. (12)

Vuelta 3: (1 p. b., aum.) 6 veces. (18)

Vuelta 4: (2 p. b., aum.) 6 veces. (24)

Vuelta 5: (3 p. b., aum.) 6 veces. (30)

Vuelta 6: Trabajando en la laz. tras, (4 p. b., aum.) 6 veces. (36)

Vueltas 7-12: p. b. (36)

Vuelta 13: (5 p. b., aum.) 6 veces. (42)

Vueltas 14-17: p. b. (42)

Deje de tejer y recorte dos círculos de fieltro de unos 1,3 cm de diámetro. Haga una incisión en el centro de cada círculo e inserte un ojo de seguridad en cada uno; de este modo, el ojo estará rodeado por el círculo blanco. Recorte el círculo de manera que quede fino por encima (yo hice el mío casi invisible) y más ancho por debajo. Así parecerá que su muñeco mire hacia arriba y tendrá una expresión adorable.

Abreviaturas

anillo – anillo mágico

aum. – haga 2 p. b. en el mismo p. para aumentar 1 p.

cad. – cad.

dism. – disminución invisible

laz. del. – trabaje solo en la lazada delantera de los p. de la vuelta

laz. tras. – trabaje solo en la lazada trasera de los p. de la vuelta

p. b. – punto bajo

p. m. a. – punto medio alto

p. r. – punto raso

(continúa)

KAPPA (CONTINUACIÓN)

Cuando esté satisfecho con los ojos, insértelos entre las vueltas 13 y 14 dejando 7 p. entremedias. Rellene bien la cabeza mientras va haciendo disminuciones.

Vuelta 18: (5 p. b., dism.) 6 veces. (36)

Vuelta 19: (4 p. b., dism.) 6 veces. (30)

Vuelta 20: (3 p. b., dism.) 6 veces. (24)

Vuelta 21: (2 p. b., dism.) 6 veces. (18)

Vuelta 22: (1 p. b., dism.) 6 veces. (12)

Vuelta 23: (dism.) 6 veces. (6)

Remate el hilo.

Cuerpo

En verde kiwi

Vuelta 1: anillo de 6 p. (6)

Vuelta 2: (aum.) 6 veces. (12)

Vuelta 3: (1 p. b., aum.) 6 veces. (18)

Vuelta 4: (2 p. b., aum.) 6 veces. (24)

Vuelta 5: (3 p. b., aum.) 6 veces. (30)

Vuelta 6: (4 p. b., aum.) 6 veces. (36)

Vueltas 7-10: p. b. (36)

Vuelta 11: (4 p. b., dism.) 6 veces. (30)

Vueltas 12-15: p. b. (30)

Vuelta 16: (3 p. b., dism.) 6 veces. (24)

Vuelta 17: (2 p. b., dism.) 6 veces. (18)

Vuelta 18: (1 p. b., dism.) 6 veces. (12)

Remate el hilo, dejando un cabo largo para coser la pieza.

Patas (haga 2)

En verde kiwi

Vuelta 1: anillo de 6 p. (6)

Vuelta 2: (aum.) 6 veces. (12)

Vuelta 3: (3 p. b., aum.) 3 veces. (15)

Vueltas 4-6: p. b. (15)

Vuelta 7: (3 p. b., dism.) 3 veces. (12)

Vueltas 8-10: p. b. (12)

Vuelta 11: (2 p. b., dism.) 3 veces. (9)

Vueltas 12-14: p. b. (9)

Remate el hilo, dejando un cabo largo para coser la pieza.

Brazos (haga 2)

En verde kiwi

Vuelta 1: anillo de 6 p. (6)

Vuelta 2: (aum.) 6 veces. (12)

Vueltas 3-7: p. b. (12)

Vuelta 8: (2 p. b., dism.) 3 veces. (9)

Vueltas 9-13: p. b. (9)

Remate el hilo, dejando un cabo largo para coser la pieza.

Orejas (haga 2)

En verde kiwi

Vuelta 1: anillo de 6 p. (6)

Vuelta 2: p. b. (6)

Vuelta 3: (2 p. b., aum.) 2 veces. (8)

Vuelta 4: (3 p. b., aum.) 2 veces. (10)

Vuelta 5: (4 p. b., aum.) 2 veces. (12)

Vueltas 6-9: p. b. (12)

Vuelta 10: (4 p. b., dism.) 2 veces. (10)

Remate el hilo, dejando un cabo largo para coser la pieza.

Cola

En verde kiwi

Vuelta 1: anillo de 4 p. (4)

Vuelta 2: (1 p. b., aum.) 2 veces. (6)

Vuelta 3: (2 p. b., aum.) 2 veces. (8)

Vuelta 4: (3 p. b., aum.) 2 veces. (10)

Vueltas 5 y 6: p. b. (10)

Remate el hilo, dejando un cabo largo para coser la pieza.

Hojas (haga 11)

En verde oscuro

Haga 4 cad., dele la vuelta, 2 p. m. a. en la 2.ª cad. desde el ganchillo, 1 p. b. en la cad. siguiente y 1 p. a. en la última. Haga 1 cad., dé la vuelta a la labor; ahora tejerá por el otro lado, hacia abajo, haciendo lo mismo que en el primer lado pero de manera simétrica. 1 p. r. en la misma cad. en la que ha hecho el 1 p. r. anterior, 1 p. b. en la cad. siguiente y 2 p. m. a. en la última.

Remate el hilo, dejando un cabo largo para coser la pieza.

Pico

En amarillo

Vuelta 1: 4 cad., dele la vuelta y haga p. b. a lo largo de ambos lados de la cad. empezando en la 2.ª cad. desde el ganchillo. (6)

Vuelta 2: (1 p. b., aum.) 3 veces. (9)

Vuelta 3: (2 p. b., aum.) 3 veces. (12)

Vuelta 4: p. b. (12)

Remate el hilo, dejando un cabo largo para coser la pieza.

Caparazón

En marrón

Vuelta 1: anillo de 6 p. (6)

Vuelta 2: (aum.) 6 veces. (12)

Vuelta 3: (1 p. b., aum.) 6 veces. (18)

Vueltas 4 y 5: p. b. (18)

Vuelta 6: p. m. a. en la laz. del. (18)

Remate el hilo, dejando un cabo largo para coser la pieza.

Garras (haga 12)

En blanco

Haga 3 cad., dele la vuelta, 1 p. r. en la 2.ª cad. desde el ganchillo, 1 p. b. en la última cad.

Remate el hilo, dejando un cabo largo para coser la pieza.

Montaje

Cierre la cabeza con un sobrehilado. Rellene bien el cuerpo y cósalo a la parte inferior de la cabeza. Rellene las patas y cósalas de manera que el kappa quede en posición sentada. Rellene un poco los brazos, concentrando más relleno en la parte inferior de las manos, y cosa cada uno a un lado del torso, justo debajo del punto de unión entre la cabeza y el cuerpo.

Después, cosa la cola a la parte posterior del kappa. Si las patas no sostienen del todo bien a su muñeco, utilice el ángulo de la cola para corregir la posición. Sujete el caparazón con alfileres en la espalda y cosa un 75 % del contorno. Deténgase, rellénelo y, cuando esté lo suficientemente firme, termine de coserlo. A continuación, cosa una oreja a cada lado de la cabeza (no es necesario rellenarlas). Sujete el pico con alfileres en el centro de la cara, entre los ojos, y cóselo.

Cosa las hojas alrededor de la coronilla, donde se ha formado el cordoncillo de los puntos tejidos en las laz. tras. En mi caso, necesité 11 hojas para completar la circunferencia. No obstante, si teje con menos tensión o usa un hilo diferente, puede que necesite más o menos hojas. Le recomiendo que primero las sujete todas con alfileres para asegurarse de que tiene suficientes antes de empezar a coserlas. Si no tiene suficientes hojas por poco, puede intentar variar el espacio entre ellas.

Por último, ¡toca hacer las garras! Con alfileres, sujete 3 garras en cada extremidad (en la punta de cada «pie» y «mano»). Cuando considere adecuado el espacio que hay entre ellas, cóselas. Con las tijeras, corte los cabos sueltos que hayan quedado. Una vez completado este último paso, ¡su kappa estará terminado!

KAIJU

Los kaijus proceden del folklore y la mitología japoneses. Son enormes criaturas fantásticas que, según se dice, vienen de otra dimensión que solo es accesible desde el centro de la Tierra. Pueden tener muchas formas y habilidades diferentes, pero lo que todos tienen en común es que la palabra «titán» podría utilizarse perfectamente para describirlos. Yo he hecho uno que vive en el océano y que se desplaza más rápido que nada que se haya visto nunca en nuestro mundo, aunque también puede moverse por tierra firme, aplastando ciudades bajo sus pies. Pero nuestro kaiju es un bonachón, ¡así que jamás haría esto último!

Materiales

- Ganchillo de 4 mm
- 1 madeja de 198 g de hilo de grosor medio de color azul oscuro (yo he usado One Pound, de Caron, color Midnight Blue)
- 1 madeja de 198 g de hilo de grosor medio de color azul claro (yo he usado Simply Soft, de Caron, color Soft Blue)
- 1 par de ojos de seguridad de 12 mm
- Relleno de fibra sintética
- Aguja de tapicería
- Alfileres para sujetar las piezas en su sitio mientras las cose
- Tijeras
- 1 lámina de fieltro blanco

Abreviaturas

anillo – anillo mágico

aum. – haga 2 p. b. en el mismo p. para aumentar 1 p.

dism. – disminución invisible

p. b. – punto bajo

Cabeza

En azul oscuro

Vuelta 1: anillo de 6 p. (6)

Vuelta 2: (aum.) 6 veces. (12)

Vuelta 3: (1 p. b., aum.) 6 veces. (18)

Vuelta 4: (2 p. b., aum.) 6 veces. (24)

Vuelta 5: (3 p. b., aum.) 6 veces. (30)

Vuelta 6: (4 p. b., aum.) 6 veces. (36)

Vueltas 7-10: p. b. (36)

Vuelta 11: 6 p. b., 6 aum., 24 p. b. (42)

Vuelta 12: 6 p. b., (p. b., aum.) 6 veces, 24 p. b. (48)

Vueltas 13-16: p. b. (48)

Deje de tejer y recorte dos círculos de fieltro de unos 1,3 cm de diámetro. Haga una incisión en el centro de cada círculo e inserte un ojo de seguridad en cada uno; de este modo, el ojo estará rodeado por el círculo blanco. Recorte el círculo de manera que quede fino por encima (yo hice el mío casi invisible) y más ancho por debajo. Así parecerá que su muñeco mire hacia arriba y tendrá una expresión adorable. Cuando esté satisfecho con los ojos, insértelos entre las vueltas 11 y 12 dejando 15 p. entremedias (póngalos a lado y lado de los aumentos).

Vuelta 17: (6 p. b., dism.) 6 veces. (42)

Vuelta 18: (5 p. b., dism.) 6 veces. (36)

Vuelta 19: (4 p. b., dism.) 6 veces. (30)

Vuelta 20: (3 p. b., dism.) 6 veces. (24)

Vuelta 21: (2 p. b., dism.) 6 veces. (18)

Vuelta 22: (1 p. b., dism.) 6 veces. (12)

Vuelta 23: (dism.) 6 veces. (6)

Rellene bien la cabeza mientras va haciendo disminuciones.

(continúa)

KAIJU (CONTINUACIÓN)

Cuerpo

En azul oscuro

Vuelta 1: anillo de 6 p. (6)

Vuelta 2: (aum.) 6 veces. (12)

Vuelta 3: (1 p. b., aum.) 6 veces. (18)

Vuelta 4: (2 p. b., aum.) 6 veces. (24)

Vuelta 5: (3 p. b., aum.) 6 veces. (30)

Vuelta 6: (4 p. b., aum.) 6 veces. (36)

Vuelta 7: (5 p. b., aum.) 6 veces. (42)

Vueltas 8-11: p. b. (42)

Vuelta 12: (5 p. b., dism.) 6 veces. (36)

Vueltas 13-16: p. b. (36)

Vuelta 17: (4 p. b., dism.) 6 veces. (30)

Vueltas 18-20: p. b. (30)

Vuelta 21: (3 p. b., dism.) 6 veces. (24)

Vuelta 22: p. b. (24)

Vuelta 23: (2 p. b., dism.) 6 veces. (18)

Remate el hilo, dejando un cabo largo para coser la pieza.

Cola

En azul oscuro

Vuelta 1: anillo de 6 p. (6)

Vuelta 2: p. b. (6)

Vuelta 3: (2 p. b., aum.) 2 veces. (8)

Vuelta 4: p. b. (8)

Vuelta 5: (3 p. b., aum.) 2 veces. (10)

Vuelta 6: p. b. (10)

Vuelta 7: (4 p. b., aum.) 2 veces. (12)

Vuelta 8: p. b. (12)

Vuelta 9: (5 p. b., aum.) 2 veces. (14)

Vuelta 10: p. b. (14)

Vuelta 11: (6 p. b., aum.) 2 veces. (16)

Vuelta 12: p. b. (16)

Vuelta 13: (7 p. b., aum.) 2 veces. (18)

Vuelta 14: p. b. (18)

Vuelta 15: (8 p. b., aum.) 2 veces. (20)

Vuelta 16: p. b. (20)

Vuelta 17: (9 p. b., aum.) 2 veces. (22)

Vuelta 18: p. b. (22)

Vuelta 19: (10 p. b., aum.) 2 veces. (24)

Vuelta 20: p. b. (24)

Vuelta 21: (11 p. b., aum.) 2 veces. (26)

Vuelta 22: p. b. (26)

Remate el hilo, dejando un cabo largo para coser la pieza.

Patas traseras (haga 2)

En azul oscuro

Vuelta 1: anillo de 6 p. (6)

Vuelta 2: (aum.) 6 veces. (12)

Vuelta 3: (1 p. b., aum.) 6 veces. (18)

Vuelta 4: (2 p. b., aum.) 6 veces. (24)

Vuelta 5: (3 p. b., aum.) 6 veces. (30)

Vueltas 6-10: p. b. (30)

Vuelta 11: (3 p. b., dism.) 6 veces. (24)

Vuelta 12: (2 p. b., dism.) 6 veces. (18)

Vuelta 13: (1 p. b., dism.) 6 veces. (12)

Vuelta 14: (dism.) 6 veces. (6)

Remate el hilo, dejando un cabo largo para coser la pieza.

Pies (haga 2)

En azul oscuro

Vuelta 1: anillo de 6 p. (6)

Vuelta 2: (aum.) 6 veces. (12)

Vueltas 3-6: p. b. (12)

Remate el hilo, dejando un cabo largo para coser la pieza.

Brazos (haga 2)

En azul oscuro

Vuelta 1: anillo de 6 p. (6)

Vuelta 2: (1 p. b., aum.) 3 veces. (9)

Vueltas 3-12: p. b. (9)

Remate el hilo, dejando un cabo largo para coser la pieza.

Púas (haga 6)

En azul claro

Vuelta 1: anillo de 6 p. (6)

Vuelta 2: p. b. (6)

Vuelta 3: (2 p. b., aum.) 2 veces. (8)

Vuelta 4: p. b. (8)

Vuelta 5: (3 p. b., aum.) 2 veces. (10)

Vuelta 6: p. b. (10)

Remate el hilo, dejando un cabo largo para coser la pieza.

Montaje

Cierre la cabeza con un sobrehilado. Rellene bien el cuerpo y cósalo a la parte inferior de la cabeza. Después, rellene las patas traseras. Introduzca suficiente relleno para que mantengan la forma, pero tenga en cuenta que el lado que va pegado al cuerpo debe quedar plano. Cosa una pata a cada lado del cuerpo. A continuación, rellene un poco los pies y cósalos en la parte inferior de las patas.

Después, rellene la cola y cósala a la parte posterior del cuerpo. Inclínela hacia abajo para que ayude a aguantar el cuerpo. Con alfileres, sujete un brazo a cada lado del cuerpo y cósalos justo debajo del punto de unión entre la cabeza y el cuerpo. Por último, cosa las púas, espaciadas de manera uniforme, empezando en la coronilla y acabando en la punta de la cola. Con las tijeras, corte los cabos sueltos que hayan quedado. ¡Y su kaiju ya está listo!

Capítulo 4

HABITANTES DE LOS BOSQUES

Reina la calma en el bosque, le rodean árboles más viejos que las ciudades y musgo más denso que el tráfico en los accesos de las autopistas, y el aire es más fresco que en una mañana de octubre. Se siente la magia, está en la naturaleza, una magia que prácticamente le lleva a creer que, en este bosque en concreto, puede encontrar todo tipo de cosas que no ve en su vida diaria, desde un tranquilo centauro (página 90) hasta un protector lisovik (página 99) y, tal vez, algunos escurridizos gnomos (página 87) o incluso el mismísimo Pie Grande (página 85). Ábrase a la magia, vaya a buscar sus hilos y descubra lo que le depara este capítulo.

PIE GRANDE

Yo, que he nacido y me he criado en la región del Noroeste del Pacífico, puedo asegurarle que la gente de por aquí cree en la existencia de Pie Grande. Es un ser parecido a un simio gigante que vive en los profundos bosques de la Costa Oeste de los Estados Unidos. Lleva una vida muy solitaria, y se altera cuando tiene que tratar con la gente que intenta encontrarlo, fotografiarlo o, peor aún, ¡cazarlo! ¿Podemos culpar a la pobre criatura? Pie Grande es conocido por lanzar rocas y mostrar un comportamiento bastante territorial, así que si se encuentra al suyo un poco de morros, ¡trate de darle un poco de espacio! Se calmará cuando se sienta menos amenazado. Le recomiendo que utilice un hilo superafelpado para crear a un grandullón que den granas de achucharlo, pero, si no lo encuentra, siempre puede usar hilo normal y luego «peinarlo» siguiendo la misma técnica empleada en el licántropo (página 37).

Cabeza

En el tono de piel deseado

Vuelta 1: 7 cad., dele la vuelta y haga p. b. en la cad. base, tejiendo 2 p. en cada extremo de la cad. (12)

Vuelta 2: (1 p. b., aum.) 6 veces. (18)

Vuelta 3: (2 p. b., aum.) 6 veces. (24)

Vuelta 4: (3 p. b., aum.) 6 veces. (30)

Vuelta 5: (4 p. b., aum.) 6 veces. (36)

Cambie al hilo afelpado marrón.

Vuelta 6: (5 p. b., aum.) 6 veces. (42)

Vueltas 7-14: p. b. (42)

Inserte los ojos entre las vueltas 2 y 3 dejando 7 p. entremedias. Rellene bien la cabeza mientras va haciendo disminuciones.

Vuelta 15: (5 p. b., dism.) 6 veces. (36)

Vuelta 16: (4 p. b., dism.) 6 veces. (30)

Vuelta 17: (3 p. b., dism.) 6 veces. (24)

Vuelta 18: (2 p. b., dism.) 6 veces. (18)

Vuelta 19: (1 p. b., dism.) 6 veces. (12)

Vuelta 20: (dism.) 6 veces. (6)

Remate el hilo.

(continúa)

Materiales

- Ganchillo de 4 mm
- 1 madeja de 198 g de hilo de grosor medio del tono de piel deseado (yo he usado Super Saver, de Red Heart, color Buff)
- 1 madeja de 198 g de hilo grueso afelpado de color marrón (yo he usado Pipsqueak™, de Bernat, color Chocolate)
- 1 par de ojos de seguridad de 12 mm
- Relleno de fibra sintética
- Aguja de tapicería
- Alfileres para sujetar las piezas en su sitio mientras las cose
- Tijeras
- Hilo de bordar negro

Abreviaturas

anillo – anillo mágico

aum. – haga 2 p. b. en el mismo p. para aumentar 1 p.

cad. – cad.

dism. – disminución invisible

p. b. – punto bajo

PIE GRANDE (CONTINUACIÓN)

Cuerpo

En hilo afelpado marrón

Vuelta 1: anillo de 6 p. (6)

Vuelta 2: (aum.) 6 veces. (12)

Vuelta 3: (1 p. b., aum.) 6 veces. (18)

Vuelta 4: (2 p. b., aum.) 6 veces. (24)

Vuelta 5: (3 p. b., aum.) 6 veces. (30)

Vuelta 6: (4 p. b., aum.) 6 veces. (36)

Vuelta 7: (5 p. b., aum.) 6 veces. (42)

Vueltas 8-11: p. b. (42)

Vuelta 12: (5 p. b., dism.) 6 veces. (36)

Vuelta 13: p. b. (36)

Vuelta 14: (4 p. b., dism.) 6 veces. (30)

Vuelta 15: p. b. (30)

Vuelta 16: (3 p. b., dism.) 6 veces. (24)

Vuelta 17: p. b. (24)

Vuelta 18: (2 p. b., dism.) 6 veces. (18)

Vueltas 19 y 20: p. b. (18)

Vuelta 21: (1 p. b., dism.) 6 veces. (12)

Vuelta 22: p. b. (12)

Remate el hilo, dejando un cabo largo para coser la pieza.

Brazos (haga 2)

En el tono de piel deseado

Vuelta 1: anillo de 6 p. (6)

Vuelta 2: (aum.) 6 veces. (12)

Vuelta 3: (1 p. b., aum.) 6 veces. (18)

Vuelta 4: p. b. (18)

Cambie al hilo afelpado marrón.

Vueltas 5-7: p. b. (18)

Vuelta 8: (3 p. b., dism.) 3 veces. (15)

Vueltas 9-15: p. b. (15)

Remate el hilo, dejando un cabo largo para coser la pieza.

Piernas (haga 2)

En el tono de piel deseado

Vuelta 1: anillo de 6 p. (6)

Vuelta 2: (aum.) 6 veces. (12)

Vuelta 3: (1 p. b., aum.) 6 veces. (18)

Vuelta 4: (2 p. b., aum.) 6 veces. (24)

Vuelta 5: (3 p. b., aum.) 6 veces. (30)

Vuelta 6: p. b. (30)

Cambie al hilo afelpado marrón.

Vueltas 7-9: p. b. (30)

Vuelta 10: (3 p. b., dism.) 6 veces. (24)

Vueltas 11-13: p. b. (24)

Vuelta 14: (2 p. b., dism.) 6 veces. (18)

Vueltas 15-17: p. b. (18)

Vuelta 18: (1 p. b., dism.) 6 veces. (12)

Vueltas 19-21: p. b. (12)

Remate el hilo, dejando un cabo largo para coser la pieza.

Montaje

Primero de todo, concédase un minuto para felicitarse! ¡Trabajar con hilo afelpado no es nada fácil! ¡Enhorabuena por haber mantenido la calma y haber llegado tan lejos! Y, ahora, a por el montaje. Cierre la cabeza con un sobrehilado, luego rellene bien el cuerpo y cósalo a la parte inferior de la cabeza. Rellene bien las piernas y cósalas al cuerpo de manera que su Pie Grande quede en posición sentada. A continuación, cosa un brazo a cada lado del cuerpo, a la altura del punto de unión entre el cuerpo y la cabeza (no es necesario que los rellene). Con las tijeras, corte los cabos sueltos de las extremidades que ha cosido. Por último, borde una pequeña sonrisa con hilo de bordar negro. Y, con esto, ¡su Pie Grande estará terminado!

Si le resulta complicado trabajar con hilo afelpado, también puede tejerlo todo con hilo acrílico normal y luego peinar las zonas de pelaje con un cepillo de púas metálicas para mascotas. (En el patrón del licántropo, en la página 37, se explica cómo peinar el hilo para darle una apariencia y una textura parecidas a las del pelaje). También puede usar hilo afelpado blanco e hilo acrílico azul claro ¡y convertir este mismo patrón en el abominable hombre de las nieves! ¡Espero que se divierta con este proyecto y con todas las adaptaciones que decida hacer!

GNOMO

Los gnomos viven en las profundidades del bosque y casi nunca tienen contacto con los humanos. Pese a su diminuta estatura, pueden ser hasta siete veces más fuertes que un ser humano normal ¡y pueden correr a una velocidad de hasta 55 kilómetros por hora! Conocidos por ser los guardianes del bosque, estos seres vegetarianos dedican mucho tiempo a cuidar de los animales, liberando a los que han caído en trampas de cazadores o colándose en granjas a atender a animales mal cuidados. No obstante, sus peores enemigos son los gatos, tanto los salvajes como los domesticados. Así que no olvide esto si va a tejer gnomos y tiene un amigo felino. Estos muchachitos son muy rápidos de confeccionar, así que en un rato puede tener hechos a varios.

Cabeza

En el tono de piel deseado

Vuelta 1: anillo de 6 p. (6)

Vuelta 2: (aum.) 6 veces. (12)

Vuelta 3: (1 p. b., aum.) 6 veces. (18)

Vuelta 4: (2 p. b., aum.) 6 veces. (24)

Vuelta 5: (3 p. b., aum.) 6 veces. (30)

Vuelta 6: (4 p. b., aum.) 6 veces. (36)

Vueltas 7-15: p. b. (36)

Vuelta 16: (4 p. b., dism.) 6 veces. (30)

Vuelta 17: (3 p. b., dism.) 6 veces. (24)

Rellene bien la cabeza mientras sigue haciendo disminuciones.

Vuelta 18: (2 p. b., dism.) 6 veces. (18)

Vuelta 19: (1 p. b., dism.) 6 veces. (12)

Vuelta 20: (dism.) 6 veces. (6)

Remate el hilo.

Nariz

En el tono de piel deseado

Vuelta 1: anillo de 6 p. (6)

Vuelta 2: (aum.) 6 veces. (12)

Vuelta 3: (3 p. b., aum.) 3 veces. (15)

Vuelta 4: p. b. (15)

Vuelta 5: (3 p. b., dism.) 3 veces. (12)

Vuelta 6: (2 p. b., dism.) 3 veces. (9)

(continúa)

Materiales

- Ganchillo de 4 mm
- 1 madeja de 198 g de hilo de grosor medio del tono de piel deseado (yo he usado Super Saver, de Red Heart, color Buff)
- 1 madeja de 198 g de hilo de grosor medio de color rojo (yo he usado Value, de Big Twist, color Red)
- 1 madeja de 198 g de hilo de grosor medio de color azul oscuro (yo he usado One Pound, de Caron, color Midnight Blue)
- 1 madeja de 198 g de hilo de grosor medio de color blanco (yo he usado Value, de Big Twist, color White)
- Relleno de fibra sintética
- Aguja de tapicería
- Alfileres para sujetar las piezas en su sitio mientras las cose
- Tijeras

Abreviaturas

anillo – anillo mágico

aum. – haga 2 p. b. en el mismo p. para aumentar 1 p.

dism. – disminución invisible

p. b. – punto bajo

GNOMO (CONTINUACIÓN)

Gorro

En rojo

Vuelta 1: anillo de 4 p. (4)

Vuelta 2: (1 p. b., aum.) 2 veces. (6)

Vuelta 3: (2 p. b., aum.) 2 veces. (8)

Vuelta 4: (3 p. b., aum.) 2 veces. (10)

Vuelta 5: p. b. (10)

Vuelta 6: (4 p. b., aum.) 2 veces. (12)

Vuelta 7: p. b. (12)

Vuelta 8: (3 p. b., aum.) 3 veces. (15)

Vuelta 9: p. b. (15)

Vuelta 10: (4 p. b., aum.) 3 veces. (18)

Vuelta 11: p. b. (18)

Vuelta 12: (5 p. b., aum.) 3 veces. (21)

Vuelta 13: p. b. (21)

Vuelta 14: (6 p. b., aum.) 3 veces. (24)

Vuelta 15: p. b. (24)

Vuelta 16: (3 p. b., aum.) 6 veces. (30)

Vuelta 17: p. b. (30)

Vuelta 18: (4 p. b., aum.) 6 veces. (36)

Vuelta 19: p. b. (36)

Vuelta 20: (5 p. b., aum.) 6 veces. (42)

Vueltas 21-23: p. b. (42)

Remate el hilo, dejando un cabo largo para coser la pieza.

Cuerpo

En azul oscuro

Vuelta 1: anillo de 6 p. (6)

Vuelta 2: (aum.) 6 veces. (12)

Vuelta 3: (1 p. b., aum.) 6 veces. (18)

Vuelta 4: (2 p. b., aum.) 6 veces. (24)

Vuelta 5: (3 p. b., aum.) 6 veces. (30)

Vuelta 6: (4 p. b., aum.) 6 veces. (36)

Vueltas 7-9: p. b. (36)

Vuelta 10: (4 p. b., dism.) 6 veces. (30)

Vueltas 11 y 12: p. b. (30)

Vuelta 13: (3 p. b., dism.) 6 veces. (24)

Vuelta 14: p. b. (24)

Vuelta 15: (2 p. b., dism.) 6 veces. (18)

Vuelta 16: p. b. (18)

Vuelta 17: (1 p. b., dism.) 6 veces. (12)

Remate el hilo, dejando un cabo largo para coser la pieza.

Montaje

Cierre la cabeza con un sobrehilado, luego rellene bien el cuerpo y cósalo a la parte inferior de la cabeza. Rellene la nariz y cósala al centro de la cara. Después, empiece a rellenar el gorro, asegurándose de que la punta quede firme y con una forma bonita. Coloque el gorro de manera que quede media cabeza dentro (y se apoye en la nariz) y cósalo. Con las tijeras, corte los cabos sueltos de las piezas que ya ha cosido.

Para crear la barba, corte unos 40 trozos de hilo blanco de 15 cm y átelos a modo de flecos a los lados y por debajo de la nariz con la técnica *latch hook*. Cuando tenga una barba bien poblada, recórtela con cuidado para que tenga la longitud que desee. Una vez que le satisfaga el resultado, ¡su gnomo estará terminado!

CENTAURO

Los centauros son criaturas nobles y orgullosas que llevan una vida tranquila en el bosque. Viven en manadas, se dedican a la familia y son expertos en las artes curativas, la astrología y el tiro con arco. Estas criaturas mitad ser humano y mitad caballo son figuras destacadas de la mitología griega y de muchos cuentos modernos de fantasía. Con el siguiente patrón, ¡podrá crear a su propio centauro! Que no le asuste la idea de tener que conseguir que se mantenga perfectamente en pie sobre sus cuatro patas, porque en este caso propongo una adorable postura echada. ¡Así es mucho más fácil de coser y queda monísimo! Si le gustan los retos, sin duda puede probar a hacerlo en la postura tradicional, pero, si es un principiante con el ganchillo o simplemente no le apetece complicarse, esta es una alternativa excelente que suelo utilizar al hacer muñecos cuadrúpedos.

Materiales

- Ganchillo de 4 mm
- 1 madeja de 198 g de hilo de grosor medio del tono de piel deseado (yo he usado Super Saver, de Red Heart, color Buff)
- 1 madeja de 198 g de hilo de grosor medio de color negro (yo he usado Simply Soft, de Caron, color Black)
- 1 madeja de 198 g de hilo de grosor medio de color marrón oscuro (yo he usado Value, de Big Twist, color Chocolate)
- 1 par de ojos de seguridad de 9 mm
- Relleno de fibra sintética
- Aguja de tapicería
- Alfileres para sujetar las piezas en su sitio mientras las cose
- Tijeras
- Pegamento Fabri-Tac o termofusible

Abreviaturas

anillo – anillo mágico

aum. – haga 2 p. b. en el mismo p. para aumentar 1 p.

dism. – disminución invisible

p. b. – punto bajo

Cabeza

En el tono de piel deseado

Vuelta 1: anillo de 6 p. (6)

Vuelta 2: (aum.) 6 veces. (12)

Vuelta 3: (1 p. b., aum.) 6 veces. (18)

Vuelta 4: (2 p. b., aum.) 6 veces. (24)

Vuelta 5: (3 p. b., aum.) 6 veces. (30)

Vuelta 6: (4 p. b., aum.) 6 veces. (36)

Vueltas 7-15: p. b. (36)

Inserte los ojos entre las vueltas 11 y 12 dejando 6 p. entremedias. Empiece a rellenar la cabeza mientras va haciendo disminuciones.

Vuelta 16: (4 p. b., dism.) 6 veces. (30)

Vuelta 17: (3 p. b., dism.) 6 veces. (24)

Vuelta 18: (2 p. b., dism.) 6 veces. (18)

Vuelta 19: (1 p. b., dism.) 6 veces. (12)

Vuelta 20: (dism.) 6 veces. (6)

Remate el hilo.

Base del pelo

En negro

Vuelta 1: anillo de 6 p. (6)

Vuelta 2: (aum.) 6 veces. (12)

Vuelta 3: (1 p. b., aum.) 6 veces. (18)

Vuelta 4: (2 p. b., aum.) 6 veces. (24)

Vuelta 5: (3 p. b., aum.) 6 veces. (30)

Vuelta 6: (4 p. b., aum.) 6 veces. (36)

Vueltas 7-11: p. b. (36)

Remate el hilo, dejando un cabo largo para coser la pieza.

Orejas (haga 2)

En el tono de piel deseado

Vuelta 1: anillo de 5 p. (5)

Junte todos los puntos a un lado del anillo mágico para crear un semicírculo.

Remate el hilo, dejando un cabo largo para coser la pieza.

Torso

En marrón oscuro

Vuelta 1: anillo de 6 p. (6)

Vuelta 2: (aum.) 6 veces. (12)

Vuelta 3: (1 p. b., aum.) 6 veces. (18)

Vuelta 4: (2 p. b., aum.) 6 veces. (24)

Vuelta 5: (3 p. b., aum.) 6 veces. (30)

Vueltas 6-11: p. b. (30)

Cambie al hilo del tono de piel deseado.

Vuelta 12: p. b. (30)

Vuelta 13: (3 p. b., dism.) 6 veces. (24)

Vueltas 14-16: p. b. (24)

Vuelta 17: (2 p. b., dism.) 6 veces. (18)

Vueltas 18 y 19: p. b. (18)

Vuelta 20: (1 p. b., dism.) 6 veces. (12)

Vuelta 21: p. b. (12)

Remate el hilo, dejando un cabo largo para coser la pieza.

Cuerpo

En marrón oscuro

Vuelta 1: anillo de 6 p. (6)

Vuelta 2: (aum.) 6 veces. (12)

Vuelta 3: (1 p. b., aum.) 6 veces. (18)

Vuelta 4: (2 p. b., aum.) 6 veces. (24)

Vuelta 5: (3 p. b., aum.) 6 veces. (30)

Vueltas 6-11: p. b. (30)

Vuelta 12: (3 p. b., dism.) 6 veces. (24)

Vueltas 13-16: p. b. (24)

Remate el hilo, dejando un cabo largo para coser la pieza.

Patas (haga 4)

En negro

Vuelta 1: anillo de 6 p. (6)

Vuelta 2: (aum.) 6 veces. (12)

Vuelta 3: (3 p. b., aum.) 3 veces. (15)

Vueltas 4 y 5: p. b. (15)

Vuelta 6: (3 p. b., dism.) 3 veces. (12)

Cambie al hilo marrón oscuro.

Vueltas 7-9: p. b. (12)

Vuelta 10: (2 p. b., dism.) 3 veces. (9)

Vueltas 11-15: p. b. (9)

Remate el hilo, dejando un cabo largo para coser la pieza.

(continúa)

CENTAURO (CONTINUACIÓN)

Brazos (haga 2)

En el tono de piel deseado

Vuelta 1: anillo de 6 p. (6)

Vuelta 2: (1 p. b., aum.) 3 veces. (9)

Vueltas 3 y 4: p. b. (9)

Vuelta 5: (1 p. b., dism.) 3 veces. (6)

Vueltas 6-9: p. b. (6)

Remate el hilo, dejando un cabo largo para coser la pieza.

Montaje

Cierre la cabeza con un sobrehilado. Rellene bien el torso y cóselo a la parte inferior de la cabeza. Después, rellene el cuerpo y cóselo a la zona inferior del torso por la parte de detrás. Intente que la parte superior del cuerpo coincida con el final de la zona de color marrón oscuro del torso; eso ayudará a que todo parezca una única pieza seguida. A continuación, rellene las patas y cosa 2 a cada lado de la parte inferior del torso y 2 a cada lado de la parte trasera del cuerpo. Yo decidí hacer a mi centauro sentado, así que las cosí en posición horizontal. Este es mi estilo preferido, pero, si quiere que esté de pie sobre las cuatro patas, recuerde que debe comprobar que se sigue aguantando bien después de coser cada pata. Luego cosa un brazo a cada lado de la parte superior del torso, justo debajo de la cabeza (no es necesario rellenarlos). Con las tijeras, corte los cabos sueltos de las extremidades que ha cosido.

Ahora toca hacer los detalles de la cabeza. Primero, cosa una oreja a cada lado de la cabeza a la altura de los ojos. Cosa la base del pelo encima de la cabeza, y use el cabo suelto para bordar una patilla delante de cada oreja. Después de esto, a mí no me quedaba suficiente hilo para hacer el pelo, así que corté otro trozo de hilo negro de unos 25 cm y lo incorporé a la pieza en la parte delantera de la base del pelo (que es donde empezaremos a coser el pelo). Corte unos 40 trozos de hilo negro de unos 20 cm de largo. Con el hilo negro de 25 cm, empiece a coser los trozos de 4 en 4 a la parte superior de la cabeza. Siga cosiendo grupos de hilos mientras se dirige a la parte posterior de la cabeza. Intente mantener la línea de costura recta, ya que será la raya del pelo; tense bien el hilo mientras cose para asegurarse de fijar bien los «pelos». Una vez que haya cosido la cantidad suficiente de grupos de hilos para llenar la cabeza, puede asegurar aún más los «pelos» aplicando una línea fina de pegamento a cada lado de la raya, por debajo del pelo. ¡Recuerde que un poquito de pegamento da para mucho! Después, corte el pelo para que tenga la longitud deseada. Hágalo sin prisa, ya que, si lo corta demasiado corto, no podrá arreglarlo.

Por último, añada la cola atando un grupo de tres hilos de hilo negro de 15 cm con la técnica *latch hook*. Tire bien de los hilos para fijarla en su sitio y recórtela para que tenga la longitud deseada. ¡Y ya habrá acabado a su centauro!

QUIMERA

La quimera es uno de los monstruos más sorprendentes de la mitología griega. Se trata de un león que escupe fuego y que también tiene una cabeza de cabra, una de dragón y una cola en forma de serpiente. ¿Puede haber algo más épico? Vive en bosques de montaña, de donde baja para alimentarse de ovejas y otro tipo de ganado de granjas cercanas. Este patrón es como una maratón de costura, pero no se parece a nada que haya visto jamás. Es el regalo más perfecto que puede hacerle a alguien obsesionado con la mitología. Confíe en el proceso, ¡es una pieza increíble!

Cuerpo

En beis

Vuelta 1: anillo de 6 p. (6)

Vuelta 2: (aum.) 6 veces. (12)

Vuelta 3: (1 p. b., aum.) 6 veces. (18)

Vuelta 4: (2 p. b., aum.) 6 veces. (24)

Vuelta 5: (3 p. b., aum.) 6 veces. (30)

Vuelta 6: (4 p. b., aum.) 6 veces. (36)

Vueltas 7-25: p. b. (36)

Vuelta 26: (4 p. b., dism.) 6 veces. (30)

Vuelta 27: (3 p. b., dism.) 6 veces. (24)

Rellénelo bien mientras sigue haciendo disminuciones.

Vuelta 28: (2 p. b., dism.) 6 veces. (18)

Vuelta 29: (1 p. b., dism.) 6 veces. (12)

Vuelta 30: (dism.) 6 veces. (6)

Remate el hilo, dejando un cabo largo para coser la pieza.

Abreviaturas

anillo – anillo mágico

aum. – haga 2 p. b. en el mismo p. para aumentar 1 p.

cad. – cad.

dism. – disminución invisible

laz. del. – trabaje solo en la lazada delantera de los p. de la vuelta

p. b. – punto bajo

p. m. a. – punto medio alto

p. r. – punto raso

Materiales

- Ganchillo de 4 mm
- 1 madeja de 198 g de hilo de grosor medio de color beis (yo he usado Super Saver, de Red Heart, color Buff)
- 1 madeja de 198 g de hilo de grosor medio de color rojo (yo he usado Super Saver, de Red Heart, color Cherry Red)
- 1 madeja de 198 g de hilo de grosor medio de color negro (yo he usado Simply Soft, de Caron, color Black)
- 1 madeja de 198 g de hilo de grosor medio de color gris (yo he usado I Love This Yarn, color Graymist)
- 1 madeja de 198 g de hilo de grosor medio de color verde (yo he usado I Love This Yarn, color Light Sage)
- 1 madeja de 198 g de hilo de grosor medio de color marrón (yo he usado Value, de Big Twist, color Chocolate)
- 3 pares de ojos de seguridad de 12 mm, y 1 par de ojos de 6 mm
- Relleno de fibra sintética
- Aguja de tapicería
- Alfileres para sujetar las piezas en su sitio mientras las cose
- Tijeras
- 1 limpiapipas para manualidades de 30 cm

Cabeza de león

En beis

Vuelta 1: anillo de 6 p. (6)

Vuelta 2: (aum.) 6 veces. (12)

Vuelta 3: (1 p. b., aum.) 6 veces. (18)

Vuelta 4: (2 p. b., aum.) 6 veces. (24)

Vuelta 5: (3 p. b., aum.) 6 veces. (30)

Vuelta 6: (4 p. b., aum.) 6 veces. (36)

Vueltas 7-13: p. b. (36)

Vuelta 14: (5 p. b., aum.) 6 veces. (42)

Vueltas 15-17: p. b. (42)

Ponga un par de ojos de 12 mm entre las vueltas 12 y 13 dejando 7 p. entremedias. Rellene bien la cabeza mientras va haciendo disminuciones.

Vuelta 18: (5 p. b., dism.) 6 veces. (36)

Vuelta 19: (4 p. b., dism.) 6 veces. (30)

Vuelta 20: (3 p. b., dism.) 6 veces. (24)

Vuelta 21: (2 p. b., dism.) 6 veces. (18)

Vuelta 22: (1 p. b., dism.) 6 veces. (12)

Vuelta 23: (dism.) 6 veces. (6)

Remate el hilo.

Hocico de león

En beis

Vuelta 1: anillo de 6 p. (6)

Vuelta 2: (aum.) 6 veces. (12)

Vuelta 3: (1 p. b., aum.) 6 veces. (18)

Vueltas 4-7: p. b. (18)

Remate el hilo, dejando un cabo largo para coser la pieza.

Orejas de león (haga 2)

En beis

Vuelta 1: anillo de 6 p. (6)

Vuelta 2: (aum.) 6 veces. (12)

Vueltas 3-5: p. b. (12)

Remate el hilo, dejando un cabo largo para coser la pieza.

Cabeza de dragón

En rojo

Vuelta 1: anillo de 6 p. (6)

Vuelta 2: (aum.) 6 veces. (12)

Vuelta 3: (1 p. b., aum.) 6 veces. (18)

Vuelta 4: (2 p. b., aum.) 6 veces. (24)

Vueltas 5-7: p. b. (24)

Vuelta 8: 6 p. b., (aum. en la laz. del.) 6 veces, 12 p. b. (30)

Vuelta 9: 6 p. b., 6 aum., 15 p. b. (36)

Vueltas 10-16: p. b. (36)

Ponga un par de ojos de 12 mm entre las vueltas 8 y 9 dejando 11 p. entremedias (centre el hocico entre ellos). Rellene bien la cabeza mientras va haciendo disminuciones.

Vuelta 17: (dism.) 3 veces, 24 p. b., (dism.) 3 veces. (30)

Vuelta 18: (dism.) 3 veces, 18 p. b., (dism.) 3 veces. (24)

Vuelta 19: (2 p. b., dism.) 6 veces. (18)

Vueltas 20-25: p. b. (18)

Remate el hilo, dejando un cabo largo para coser la pieza.

Cuernos de dragón (haga 2)

En negro

Vuelta 1: anillo de 6 p. (6)

Vueltas 2-5: p. b. (6)

Remate el hilo, dejando un cabo largo para coser la pieza.

(continúa)

QUIMERA (CONTINUACIÓN)

Orejas de dragón (haga 2)

En rojo

Haga 4 cad., dele la vuelta y, empezando en la cad. más cercana al ganchillo, 1 p. r., 1 p. b. en el p. siguiente, 1 p. m. a. en el último p.

Remate el hilo, dejando un cabo largo para coser la pieza.

Cabeza de cabra

En gris

Vuelta 1: anillo de 6 p. (6)

Vuelta 2: (aum.) 6 veces. (12)

Vuelta 3: (1 p. b., aum.) 6 veces. (18)

Vuelta 4: (2 p. b., aum.) 6 veces. (24)

Vuelta 5: (3 p. b., aum.) 6 veces. (30)

Vuelta 6: (4 p. b., aum.) 6 veces. (36)

Vueltas 7-12: p. b. (36)

Vuelta 13: (5 p. b., aum.) 6 veces. (42)

Vueltas 14-16: p. b. (42)

Inserte un par de ojos de 12 mm entre las vueltas 11 y 12 dejando 7 p. entremedias. Rellene bien la cabeza mientras va haciendo disminuciones.

Vuelta 17: (5 p. b., dism.) 6 veces. (36)

Vuelta 18: (4 p. b., dism.) 6 veces. (30)

Vuelta 19: (3 p. b., dism.) 6 veces. (24)

Vuelta 20: (2 p. b., dism.) 6 veces. (18)

Vuelta 21: (1 p. b., dism.) 6 veces. (12)

Vuelta 22: (dism.) 6 veces. (6)

Remate el hilo.

Orejas de cabra (haga 2)

En gris

Vuelta 1: anillo de 6 p. (6)

Vuelta 2: (aum.) 6 veces. (12)

Vuelta 3: (1 p. b., aum.) 6 veces. (18)

Doble la oreja por la mitad, dele la vuelta y, sin hacer ninguna cad., una los bordes con p. b. (9)

Remate el hilo, dejando un cabo largo para coser la pieza.

Hocico de cabra

En gris

Vuelta 1: 7 cad., dele la vuelta y haga p. b. en la cad. base, tejiendo 2 p. en cada extremo de la cad. (12)

Vuelta 2: (1 p. b., aum.) 6 veces. (18)

Vueltas 3 y 4: p. b. (18)

Remate el hilo, dejando un cabo largo para coser la pieza.

Cuernos de cabra (haga 2)

En negro

Vuelta 1: anillo de 6 p. (6)

Vueltas 2-5: p. b. (6)

Remate el hilo, dejando un cabo largo para coser la pieza.

Patas (haga 4)

En beis

Vuelta 1: anillo de 6 p. (6)

Vuelta 2: (aum.) 6 veces. (12)

Vuelta 3: (1 p. b., aum.) 6 veces. (18)

Vuelta 4: (2 p. b., aum.) 6 veces. (24)

Vueltas 5-8: p. b. (24)

Vuelta 9: (dism.) 6 veces. (18)

Vueltas 10-16: p. b. (18)

Remate el hilo, dejando un cabo largo para coser la pieza.

Cola en forma de serpiente

En verde

Vuelta 1: anillo de 6 p. (6)

Vuelta 2: (aum.) 6 veces. (12)

Vueltas 3-5: p. b. (12)

Inserte los ojos de 6 mm entre las vueltas 3 y 4 dejando 5 p. entremedias.

Vuelta 6: (2 p. b., dism.) 3 veces. (9)

Vuelta 7: (1 p. b., dism.) 3 veces. (6)

No es necesario rellenar la cabeza de la serpiente. Introduzca el limpiapipas en la cabeza y siga tejiendo a su alrededor hasta terminar la serpiente. Yo corté el limpiapipas para que midiera 15 cm de largo. Tejiendo con mi tensión, se obtienen 36 o 37 vueltas. Puede que le salgan más o menos según la tensión que ejerza y el tipo de hilo que use. Cuando llegue al final del limpiapipas, remate el hilo dejando un cabo largo para coser la cola al cuerpo.

(continúa)

QUIMERA

(CONTINUACIÓN)

Montaje

Cierre la cabeza de león con un sobrehilado. Luego cosa el hocico al centro de la cara (rellenándolo a medida que lo cose) y las orejas encima de la cabeza. Con hilo negro, borde la nariz en la parte superior del hocico. Utilice el cabo largo del cuerpo para coser la cabeza encima del cuerpo. Cósalo bien porque al final la quimera pesará bastante. (Todavía no corte el cabo suelto del cuerpo; luego lo utilizaremos para coser la cabeza de la cabra).

Una vez que haya cosido la cabeza del león, empezaremos a crear la melena. Corte unos 100 trozos de 8 cm de hilo marrón. Empiece a hacer la melena con la técnica *latch hook*. Una vez que esté lo suficientemente poblada, recórtela. Vaya con mucho cuidado: la melena da mucho trabajo, así que lo último que queremos es recortarla más de la cuenta sin querer ¡y tener que rehacer alguna sección!

Después, rellene bien el cuello del dragón; queremos que mantenga la forma y se aguante solo. Use el cabo suelto del cuello para coserlo a la izquierda de la cabeza de león. Yo lo puse tan cerca como pude de la melena. (La idea es que todas las cabezas estén lo más cerca posible de la parte delantera del cuerpo.) A continuación, cosa los cuernos encima de la cabeza y una oreja a cada lado de ellos. Con un trozo de hilo rojo, borde unos párpados encima de los ojos del dragón para darle un aspecto más feroz.

Ahora es el turno de la cabra. Cierre la parte inferior de la cabeza de la cabra con un sobrehilado. Cosa el hocico (rellenándolo a medida que cose). Borde la nariz y la boca con hilo negro. A continuación, cosa los cuernos encima de la cabeza y una oreja a cada lado de ellos. Utilice el cabo suelto del cuerpo para coser la cabeza a la izquierda del león. De nuevo, ¡asegúrese de que la cose bien!

Rellene las 4 patas y cósalas al cuerpo. Yo utilicé las 2 delanteras para aguantar el peso de la parte delantera del muñeco. Experimente con la posición de las patas hasta encontrar la que más le convenga.

Por último, terminaremos la cola en forma de serpiente. Cierre la parte inferior de la serpiente con un sobrehilado y cósala en la parte posterior de la quimera. Yo la puse inclinada hacia arriba y mirando al frente. Haga varias pruebas hasta encontrar la posición que más le guste; el limpiapipas del interior da un sinfín de posibilidades. Con las tijeras, corte los cabos sueltos que hayan quedado. ¡Y ya tiene acabada a su quimera!

LISOVIK

El lisovik, o leshi, es un espíritu del bosque procedente de la mitología eslava que protege los animales, los bosques y los pantanos. Suele ser benévolo, a no ser que alguien entre en el bosque con malas intenciones. En tal caso, puede que recurra a sus artimañas: los «invitados» pasarán a ser considerados intrusos y los tratará como tales. Con este patrón, podrá crear a su propio guardián del bosque. ¡Que el lisovik siempre vele por aquellos que lo necesiten, incluido usted! En este patrón, hemos creado los detalles en forma de hojas con fieltro. Sé que puede ser aburrido recortar tantas piezas pequeñas, pero, cuantas más capas haga y más tiempo le dedique al muñeco, ¡más estupendo le quedará!

Materiales

- Ganchillo de 4 mm
- 1 madeja de 198 g de hilo de grosor medio de color blanco (yo he usado Value, de Big Twist, color White)
- 1 madeja de 198 g de hilo de grosor medio de color verde claro (yo he usado Super Saver, de Red Heart, color Light Sage)
- 1 madeja de 198 g de hilo de grosor medio de color marrón (yo he usado Value, de Big Twist, color Chocolate)
- Relleno de fibra sintética
- Aguja de tapicería
- Alfileres para sujetar las piezas en su sitio mientras las cose
- Tijeras
- 1 lámina de fieltro negro
- 1 lámina de fieltro verde
- Pegamento Fabri-Tac o termofusible

Abreviaturas

anillo – anillo mágico
aum. – haga 2 p. b. en el mismo p. para aumentar 1 p.
dism. – disminución invisible
p. b. – punto bajo

Cabeza

En blanco

Vuelta 1: anillo de 6 p. (6)

Vuelta 2: (aum.) 6 veces. (12)

Vuelta 3: (1 p. b., aum.) 6 veces. (18)

Vuelta 4: (2 p. b., aum.) 6 veces. (24)

Vuelta 5: (3 p. b., aum.) 6 veces. (30)

Vuelta 6: (4 p. b., aum.) 6 veces. (36)

Vueltas 7-15: p. b. (36)

Vuelta 16: (4 p. b., dism.) 6 veces. (30)

Vuelta 17: (3 p. b., dism.) 6 veces. (24)

Rellénelo bien mientras sigue haciendo disminuciones.

Vuelta 18: (2 p. b., dism.) 6 veces. (18)

Vuelta 19: (1 p. b., dism.) 6 veces. (12)

Vuelta 20: (dism.) 6 veces. (6)

Remate el hilo.

Hocico

En blanco

Vuelta 1: anillo de 6 p. (6)

Vuelta 2: (aum.) 6 veces. (12)

Vuelta 3: p. b. (12)

Vuelta 4: (3 p. b., aum.) 3 veces. (15)

Vueltas 5 y 6: p. b. (15)

Vuelta 7: (4 p. b., aum.) 3 veces. (18)

Vueltas 8 y 9: p. b. (18)

Remate el hilo, dejando un cabo largo para coser la pieza.

Cuerpo

Comience por la primera pierna, en verde claro.

Vuelta 1: anillo de 6 p. (6)

Vuelta 2: (aum.) 6 veces. (12)

Vueltas 3-7: p. b. (12)

Remate el hilo.

(continúa)

LISOVIK (CONTINUACIÓN)

Haga la segunda pierna, en verde claro.

Vuelta 1: anillo de 6 p. (6)

Vuelta 2: (aum.) 6 veces. (12)

Vueltas 3-7: p. b. (12)

No remate el hilo; trabaje el p. siguiente en la primera pierna y considérelo el primero de la vuelta 8.

Vuelta 8: p. b. (24)

Vueltas 9-15: p. b. (24)

Vuelta 16: (2 p. b., dism.) 6 veces. (18)

Vuelta 17: p. b. (18)

Vuelta 18: (1 p. b., dism.) 6 veces. (12)

Remate el hilo, dejando un cabo largo para coser la pieza.

Brazos (haga 2)

En verde claro

Vuelta 1: anillo de 6 p. (6)

Vuelta 2: (1 p. b., aum.) 3 veces. (9)

Vueltas 3-9: p. b. (9)

Remate el hilo, dejando un cabo largo para coser la pieza.

Asta grande (haga 2)

En marrón

Vuelta 1: anillo de 6 p. (6)

Vuelta 2: (1 p. b., aum.) 3 veces. (9)

Vueltas 3-14: p. b. (9)

Cambie al hilo blanco.

Vuelta 15: p. b. (9)

Remate el hilo, dejando un cabo largo para coser la pieza.

Asta pequeña (haga 2)

En marrón

Vuelta 1: anillo de 6 p. (6)

Vuelta 2: (1 p. b., aum.) 3 veces. (9)

Vueltas 3-5: p. b. (9)

Remate el hilo, dejando un cabo largo para coser la pieza.

Montaje

Cierre la cabeza con un sobrehilado, luego rellene bien el cuerpo y cósalo a la parte inferior de la cabeza. Cosa un brazo a cada lado del cuerpo. Rellene las astas grandes y cosa cada una a un lado de la coronilla. Después, rellene las astas pequeñas y cosa una en la parte interior de cada asta grande. Rellene el hocico y cósalo en el medio de la cabeza, un poco más abajo de la línea central. Con las tijeras, corte los cabos sueltos que hayan quedado.

Recorte los ojos de fieltro negro y, con pegamento, pegue cada uno a un lado del hocico. Los míos miden 2,5 cm de largo y 1,3 cm de alto. Para darles la forma adecuada, tome como referencia la fotografía de mi muñeco terminado. A continuación, recorte dos semicírculos pequeños de fieltro negro y, con pegamento, péguelos en la punta del hocico uno al lado del otro. Los míos miden 1,3 cm de diámetro y 6 mm de alto. *Tenga en cuenta que estas medidas se basan en el tamaño final de mi muñeco; según su tensión, puede que necesite piezas más grandes o más pequeñas para mantener las mismas proporciones.*

Para crear el adorno de hojas, recorte unas 40 hojas pequeñas de fieltro verde. Las mías miden 1,3 cm de largo y 6 mm de ancho. Empiece a pegar las hojas en la parte superior del torso con pegamento, cubriendo los hombros del muñeco, y luego siga hacia abajo haciendo capas. Yo solo puse hojas en la parte delantera del muñeco y me detuve en medio del pecho, pero puede añadir tantas como quiera, sean más o menos. Una vez que se haya secado el pegamento, ¡su lisovik estará hecho!

DEMONIO DE JERSEY

En la región de los Pine Barrens, en el sur de Nueva Jersey, vive el críptido más infame de la Costa Este de los Estados Unidos: el Demonio o Diablo de Jersey. Merodea por esos lares desde hace más de 250 años, y las únicas pruebas de su existencia son los relatos de testigos oculares y las consecuencias de sus ataques. Sus delitos incluyen la destrucción de cosechas, las matanzas de animales de granja para darse un banquete y el acecho de personas para infundirles miedo. En un momento dado, ¡incluso se ofrecían 100 000 dólares por su cabeza! Asegúrese de mantener al suyo bajo control… ¡y tal vez también en secreto teniendo en cuenta lo mucho que se pedía por él! Desde los cascos hasta las alas, me encanta todo de este proyecto, ¡y espero que a usted también!

Materiales

- Ganchillo de 4 mm
- 1 madeja de 198 g de hilo de grosor medio de color gris oscuro (yo he usado Super Saver, de Red Heart, color Charcoal)
- 1 madeja de 198 g de hilo de grosor medio de color negro (yo he usado Super Saver, de Red Heart, color Black)
- 1 par de ojos de seguridad de 9 mm
- Relleno de fibra sintética
- Aguja de tapicería
- Alfileres para sujetar las piezas en su sitio mientras las cose
- Tijeras

Abreviaturas

anillo – anillo mágico

aum. – haga 2 p. b. en el mismo p. para aumentar 1 p.

cad. – cad.

dism. – disminución invisible

laz. tras. – trabaje solo en la lazada trasera de los p. de la vuelta

p. b. – punto bajo

p. m. a. – punto medio alto

p. r. – punto raso

Cabeza

En gris oscuro

Vuelta 1: anillo de 6 p. (6)

Vuelta 2: (aum.) 6 veces. (12)

Vuelta 3: (1 p. b., aum.) 6 veces. (18)

Vuelta 4: (2 p. b., aum.) 6 veces. (24)

Vueltas 5-9: p. b. (24)

Vuelta 10: (3 p. b., aum.) 6 veces. (30)

Vueltas 11-16: p. b. (30)

Vuelta 17: (3 p. b., dism.) 6 veces. (24)

Vuelta 18: p. b. (24)

Vuelta 19: (2 p. b., dism.) 6 veces. (18)

Inserte los ojos entre las vueltas 10 y 11 dejando 11 p. entreme-dias. Rellene bien la cabeza mientras va haciendo disminuciones.

Vuelta 20: (1 p. b., dism.) 6 veces. (12)

Vuelta 21: dism. (6)

Remate el hilo.

Cuerpo

En gris oscuro

Vuelta 1: anillo de 6 p. (6)

Vuelta 2: (aum.) 6 veces. (12)

Vuelta 3: (1 p. b., aum.) 6 veces. (18)

Vuelta 4: (2 p. b., aum.) 6 veces. (24)

Vuelta 5: (3 p. b., aum.) 6 veces. (30)

(continúa)

DEMONIO DE JERSEY (CONTINUACIÓN)

Vueltas 6-9: p. b. (30)

Vuelta 10: (3 p. b., dism.) 6 veces. (24)

Vuelta 11: (2 p. b., dism.) 6 veces. (18)

Vueltas 12-17: p. b. (18)

Vuelta 18: (1 p. b., dism.) 6 veces. (12)

Remate el hilo, dejando un cabo largo para coser la pieza.

Muslos (haga 2)

En gris oscuro

Vuelta 1: anillo de 6 p. (6)

Vuelta 2: (aum.) 6 veces. (12)

Vueltas 3-10: p. b. (12)

Vuelta 11: (dism.) 6 veces. (6)

Remate el hilo, dejando un cabo largo para coser la pieza.

Patas (haga 2)

En negro

Vuelta 1: anillo de 6 p. (6)

Vuelta 2: (1 p. b., aum.) 3 veces. (9)

Vuelta 3: p. b. en la laz. tras. (9)

Vuelta 4: p. b. (9)

Cambie al hilo gris oscuro.

Vueltas 5-11: p. b. (9)

Vuelta 12: (1 p. b., dism.) 3 veces. (6)

Remate el hilo, dejando un cabo largo para coser la pieza.

Brazos (haga 2)

En negro

Vuelta 1: anillo de 6 p. (6)

Vuelta 2: (1 p. b., aum.) 3 veces. (9)

Vuelta 3: p. b. en la laz. tras. (9)

Vuelta 4: p. b. (9)

Cambie al hilo gris oscuro.

Vueltas 5-13: p. b. (9)

Remate el hilo, dejando un cabo largo para coser la pieza.

Cola

En gris oscuro

Vuelta 1: anillo de 6 p. (6)

Vueltas 2-15: p. b. (6)

Remate el hilo, dejando un cabo largo para coser la pieza.

Punta de la cola

En negro

Vuelta 1: anillo de 5 p. (5)

Vuelta 2: aum., 4 p. b. (6)

Vuelta 3: aum., 5 p. b. (7)

Vuelta 4: aum., 6 p. b. (8)

Vuelta 5: aum., 7 p. b. (9)

Remate el hilo, dejando un cabo largo para coser la pieza.

Cuernos (haga 2)

En negro

Vuelta 1: anillo de 6 p. (6)

Vuelta 2: (2 p. b., aum.) 2 veces. (8)

Vueltas 3-6: p. b. (8)

Remate el hilo, dejando un cabo largo para coser la pieza.

Orejas (haga 2)

En gris oscuro

Vuelta 1: Haga 4 cad., dele la vuelta, 1 p. r. en la 2.ª cad. desde el ganchillo, 1 p. b. en la cad. siguiente, 1 p. m. a. en la última cad.

Remate el hilo, dejando un cabo largo para coser la pieza.

Alas (haga 2)

Las alas no se trabajan en redondo, sino en hileras. Lea el patrón detenidamente.

En negro

Hilera 1: 5 cad., dele la vuelta.

Hilera 2: Empezando en la 2.ª cad. desde el ganchillo, 4 p. b., 4 cad., dele la vuelta.

Hilera 3: Empezando en la 2.ª cad. desde el ganchillo, 7 p. b., 1 cad., dele la vuelta.

Hilera 4: Empezando en la 2.ª cad. desde el ganchillo, 4 p. b., 4 cad., dele la vuelta.

Hilera 5: Empezando en la 2.ª cad. desde el ganchillo, 7 p. b., 3 cad., dele la vuelta.

Hilera 6: Empezando en la 2.ª cad. desde el ganchillo, 6 p. b., 4 cad., dele la vuelta.

Hilera 7: Empezando en la 2.ª cad. desde el ganchillo, 9 p. b., no haga cad. ni le dé la vuelta.

Hilera 8: p. b. alrededor de la parte superior del ala (trabajará puntos espaciados de manera uniforme a lo largo de este cordoncillo).

Remate el hilo, dejando un cabo largo para coser la pieza.

Montaje

Cierre la cabeza con un sobrehilado, luego rellene bien el cuerpo y cósalo a la parte inferior de la cabeza. Rellene bien los muslos y cosa uno a cada lado de la parte inferior del cuerpo. Después, rellene un poco las patas y cósalas, algo inclinadas, a la parte inferior de los muslos. Cosa un brazo a cada lado de la parte superior del torso (no es necesario rellenarlos). Cosa las alas a la espalda, y los cuernos (ligeramente rellenados) y las orejas encima de la cabeza. Por último, cosa la cola a la parte posterior del cuerpo y luego añada la punta. Con las tijeras, corte los cabos sueltos de las piezas que ha cosido. Y, con esto, ¡su Demonio de Jersey estará terminado!

Capítulo 5

CRIATURAS TRAVIESAS

Un hada muy pillina (página 113), un goblin tramposillo (página 121) y un experimento científico que ha salido muy muy mal (página 127)... ¡Este capítulo está repleto de seres peliagudos! Sean monstruos de otras épocas, criaturas que se esconden en la oscuridad de la noche o seres procedentes de las profundidades del espacio, crearemos una variedad de algunas de las criaturas que más complican la vida a la humanidad. Vaya a buscar su aguja de ganchillo y póngase manos a la obra. Con estos sencillos y rápidos patrones, pronto se encontrará rodeado de muñequitos de lo más inquietantes.

MEDUSA

Una bella mujer de orígenes trágicos convertida en un monstruo y tildada de villana a lo largo de la historia; con cabello hecho de serpientes, cuerpo serpentino y una mirada que petrifica hasta a los hombres más valientes… ¿Le suena? ¡Es Medusa! En el patrón siguiente, aprenderá a tejerla. Al diseñarla, quise capturar el lado más tierno de esta criatura de la mitología griega descrita como monstruosa. ¡Espero que la encuentre tan mona como yo! ¿Y esas pequeñas serpientes que forman su pelo? ¡Son adorables! Pero tenga cuidado con la manera como la mira… Después de todo el trabajo que se ha dado para confeccionarla, ¡no me gustaría que le convirtiera en piedra!

Cabeza

En verde claro

Vuelta 1: anillo de 6 p. (6)

Vuelta 2: (aum.) 6 veces. (12)

Vuelta 3: (1 p. b., aum.) 6 veces. (18)

Vuelta 4: (2 p. b., aum.) 6 veces. (24)

Vuelta 5: (3 p. b., aum.) 6 veces. (30)

Vuelta 6: (4 p. b., aum.) 6 veces. (36)

Vueltas 7-15: p. b. (36)

Inserte los ojos de 9 mm entre las vueltas 11 y 12 dejando 6 p. entremedias. Empiece a rellenar la cabeza mientras va haciendo disminuciones.

Vuelta 16: (4 p. b., dism.) 6 veces. (30)

Vuelta 17: (3 p. b., dism.) 6 veces. (24)

Vuelta 18: (2 p. b., dism.) 6 veces. (18)

Vuelta 19: (1 p. b., dism.) 6 veces. (12)

Vuelta 20: (dism.) 6 veces. (6)

Remate el hilo.

Base del pelo

En verde oscuro

Vuelta 1: anillo de 6 p. (6)

Vuelta 2: (aum.) 6 veces. (12)

Vuelta 3: (1 p. b., aum.) 6 veces. (18)

Vuelta 4: (2 p. b., aum.) 6 veces. (24)

Vuelta 5: (3 p. b., aum.) 6 veces. (30)

Vuelta 6: (4 p. b., aum.) 6 veces. (36)

Vueltas 7-11: p. b. (36)

Remate el hilo, dejando un cabo largo para coser la pieza.

(continúa)

Materiales

- Ganchillo de 4 mm
- 1 madeja de 198 g de hilo de grosor medio de color verde claro (yo he usado Super Saver, de Red Heart, color Frosty Green)
- 1 madeja de 198 g de hilo de grosor medio de color verde oscuro (yo he usado Simply Soft, de Caron, color Dark Sage)
- 1 madeja de 198 g de hilo de grosor medio de color verde medio (yo he usado Super Saver, de Red Heart, color Light Sage)
- 1 madeja de 198 g de hilo de grosor medio de color blanco (yo he usado Value, de Big Twist, color White)
- 1 madeja de 198 g de hilo de grosor medio de color marrón (yo he usado Big Idea, de Crafter's Secret, color Brown)
- 1 par de ojos de seguridad de 9 mm y 9 pares de 6 mm
- Relleno de fibra sintética
- Aguja de tapicería
- Alfileres para sujetar las piezas en su sitio mientras las cose; tijeras
- 3 limpiapipas para manualidades de 30 cm

Abreviaturas

anillo – anillo mágico

aum. – haga 2 p. b. en el mismo p. para aumentar 1 p.

dism. – disminución invisible

p. b. – punto bajo

MEDUSA (CONTINUACIÓN)

Serpientes (haga 9)

En verde oscuro

Vuelta 1: anillo de 6 p. (6)

Vuelta 2: (aum.) 6 veces. (12)

Vueltas 3-5: p. b. (12)

Inserte un par de ojos de 6 mm entre las vueltas 3 y 4 dejando 5 p. entremedias.

Vuelta 6: (2 p. b., dism.) 3 veces. (9)

Vuelta 7: (1 p. b., dism.) 3 veces. (6)

No es necesario rellenar las serpientes. Corte los limpiapipas en 10 trozos de unos 10 cm; para este proyecto solo va a necesitar 9. Introduzca un limpiapipas en la cabeza de la serpiente y siga tejiendo a su alrededor hasta terminarla. Tejiendo con mi tensión, se obtienen entre 20 y 22 vueltas. Puede que le salgan más o menos según la tensión que ejerza y el tipo de hilo que use. Cuando llegue al final del limpiapipas, remate el hilo dejando un cabo largo para coser la serpiente a la cabeza.

Cuerpo

En verde medio

Vuelta 1: anillo de 4 p. (4)

Vuelta 2: p. b. (4)

Vuelta 3: (1 p. b., aum.) 2 veces. (6)

Vueltas 4 y 5: p. b. (6)

Vuelta 6: (2 p. b., aum.) 2 veces. (8)

Vuelta 7: p. b. (8)

Vuelta 8: (3 p. b., aum.) 2 veces. (10)

Vuelta 9: p. b. (10)

Vuelta 10: (4 p. b., aum.) 2 veces. (12)

Vuelta 11: p. b. (12)

Vuelta 12: (3 p. b., aum.) 3 veces. (15)

Vueltas 13 y 14: p. b. (15)

Vuelta 15: (4 p. b., aum.) 3 veces. (18)

Vueltas 16 y 17: p. b. (18)

Vuelta 18: (5 p. b., aum.) 3 veces. (21)

Vueltas 19 y 20: p. b. (21)

Cambie al hilo verde claro.

Vuelta 21: (5 p. b., dism.) 3 veces. (18)

Vueltas 22 y 23: p. b. (18)

Vuelta 24: (4 p. b., dism.) 3 veces. (15)

Cambie al hilo blanco.

Vueltas 25 y 26: p. b. (15)

Cambie al hilo verde claro.

Vuelta 27: (3 p. b., dism.) 3 veces. (12)

Vuelta 28: p. b. (12)

Remate el hilo, dejando un cabo largo para coser la pieza.

la forma gracias a los limpiapipas que tienen en el interior.

Entonces, de una en una, retírelas de la cabeza y manténgalas a un lado con cuidado. Así recordará en qué orden deben colocarse y su posición en la cabeza. Puede guiarse por las fotografías para colocarlas cómo las he puesto yo, pero también puede hacerlo de otra manera que le guste. Con cuidado, cosa cada serpiente a la cabeza asegurándose de que tienen la posición que ha determinado previamente. Una vez que las haya añadido todas, puede arreglar la forma de cada una.

Después, rellene la parte más gruesa del cuerpo; no se preocupe si el relleno no llega a la base del cuerpo, ya que esta parte debe quedar más bien vacía para que sea más fácil curvarla un poco. Cuando haya rellenado el cuerpo a su gusto, cósalo a la cabeza. Después, sujete los brazos en su sitio con alfileres y cósalos. Los hombros deben quedar justo debajo de la cabeza, a la altura del cuello de la muñeca, es decir, del punto de unión entre la cabeza y el cuerpo. Con las tijeras, corte los cabos sueltos de todas las piezas que ya ha cosido. ¡Y ya tendrá lista a su Medusa!

Brazos (haga 2)

En verde claro

Vuelta 1: anillo de 6 p. (6)

Vuelta 2: (1 p. b., aum.) 3 veces. (9)

Vuelta 3: p. b. (9)

Cambie al hilo marrón.

Vuelta 4: (1 p. b., dism.) 3 veces. (6)

Vueltas 5 y 6: p. b. (6)

Cambie al hilo verde claro.

Vueltas 7-10: p. b. (6)

Remate el hilo, dejando un cabo largo para coser la pieza.

Montaje

Primero, cierre la cabeza con un sobrehilado. Después, cosa la base del pelo. Asegúrese de fijarla bien, ¡ya que tendrá que aguantar mucho peso!

A continuación, añadiremos las serpientes. Sujételas a la cabeza con alfileres para determinar sus posiciones. Dóblelas hasta que sus cabezas apunten hacia las direcciones que desee. Conservarán fácilmente

HADA

Las hadas, al igual que los seres humanos, pueden tener personalidades muy variadas. Algunas son buenas y amables; otras, crueles, pero a la mayoría simplemente les gusta hacer travesuras inofensivas. ¡Les encanta molestarnos a los mortales! Recuerde todo esto si, mientras está confeccionado a su hada, empieza a perder cosas, se encuentra enredos en el pelo o ve que su mascota intenta sacudirse algo de encima. Una de mis cosas preferidas a la hora de hacer amigurumis es incorporarles detalles que no son de hilo. En este patrón, verá que he hecho las alas de fieltro. Este material permite recortarlas en la forma que queramos y, sobre todo, terminarlas en una fracción del tiempo que necesitaríamos para tejer todos los puntos de un complicado patrón para conseguir un resultado parecido.

Cabeza

En el tono de piel deseado

Vuelta 1: anillo de 6 p. (6)

Vuelta 2: (aum.) 6 veces. (12)

Vuelta 3: (1 p. b., aum.) 6 veces. (18)

Vuelta 4: (2 p. b., aum.) 6 veces. (24)

Vuelta 5: (3 p. b., aum.) 6 veces. (30)

Vuelta 6: (4 p. b., aum.) 6 veces. (36)

Vueltas 7-15: p. b. (36)

Inserte los ojos entre las vueltas 11 y 12 dejando 6 p. entremedias. Empiece a rellenar la cabeza mientras va haciendo disminuciones.

Vuelta 16: (4 p. b., dism.) 6 veces. (30)

Vuelta 17: (3 p. b., dism.) 6 veces. (24)

Vuelta 18: (2 p. b., dism.) 6 veces. (18)

Vuelta 19: (1 p. b., dism.) 6 veces. (12)

Vuelta 20: (dism.) 6 veces. (6)

Remate el hilo.

Base del pelo

En rosa

Vuelta 1: anillo de 6 p. (6)

Vuelta 2: (aum.) 6 veces. (12)

Vuelta 3: (1 p. b., aum.) 6 veces. (18)

Vuelta 4: (2 p. b., aum.) 6 veces. (24)

Vuelta 5: (3 p. b., aum.) 6 veces. (30)

Vuelta 6: (4 p. b., aum.) 6 veces. (36)

Vueltas 7-11: p. b. (36)

Remate el hilo, dejando un cabo largo para coser la pieza.

Pelo

Cosa la base del pelo encima de la cabeza. Deje el cabo suelto; lo utilizaremos para coser los «pelos». Si no es lo suficientemente largo (necesitará unos 25 cm), corte otro trozo de hilo. Pase el trozo de hilo hacia la parte delantera de la base del pelo; aquí es por donde empezaremos a añadir los «pelos».

(continúa)

Materiales

- Ganchillo de 4 mm
- Ganchillo de 2,75 mm
- 1 madeja de 198 g de hilo de grosor medio del tono de piel deseado (yo he usado Super Saver, de Red Heart, color Buff)
- 1 madeja de 198 g de hilo de grosor medio de color rosa (yo he usado Simply Soft, de Caron, color Watermelon)
- 1 par de ojos de seguridad de 9 mm
- Relleno de fibra sintética
- Aguja de tapicería
- Alfileres para sujetar las piezas en su sitio mientras las cose; tijeras
- Pegamento Fabri-Tac o termofusible
- 1 lámina de fieltro blanco

Abreviaturas

anillo – anillo mágico

aum. – haga 2 p. b. en el mismo p. para aumentar 1 p.

dism. – disminución invisible

p. b. – punto bajo

HADA (CONTINUACIÓN)

Corte unos 40 trozos de hilo rosa de unos 20 cm. Empiece a coser grupos de hilos a la base del pelo; lo ideal es trabajar con grupos de 4 hilos. Mantenga la línea de costura recta, ya que será la raya del pelo. Tire bien del hilo de coser cada vez que fije un grupo de «pelos», y mantenga la tensión mientras sigue con el proceso. Normalmente yo dejo de añadir hilos cuando llego a la parte posterior de la cabeza, donde los «pelos» se tendrían que unir en vertical. El último paso consiste en aplicar una línea muy fina de pegamento a cada lado de la raya para asegurarse de que los pelos no se desprenden de la costura. ¡Recuerde que un poquito de pegamento da para mucho! Deje la cabeza en un sitio seguro mientras el pegamento se seca. De momento, no recorte el «pelo».

Cuerpo

Comience por la primera pierna, en rosa.

Vuelta 1: anillo de 6 p. (6)

Vuelta 2: (aum.) 6 veces. (12)

Vuelta 3: p. b. (12)

Cambie al hilo del tono de piel deseado.

Vueltas 4-6: p. b. (12)

Cambie al hilo rosa.

Vuelta 7: p. b. (12)

Remate el hilo.

Haga la segunda pierna, en rosa.

Vuelta 1: anillo de 6 p. (6)

Vuelta 2: (aum.) 6 veces. (12)

Vuelta 3: p. b. (12)

Cambie al hilo del tono de piel deseado.

Vueltas 4-6: p. b. (12)

Cambie al hilo rosa.

Vuelta 7: p. b. (12)

No remate el hilo; trabaje el p. siguiente en la primera pierna y considérelo el primero de la vuelta 8.

Vuelta 8: p. b. (24)

Vueltas 9-15: p. b. (24)

Vuelta 16: (2 p. b., dism.) 6 veces. (18)

Vuelta 17: p. b. (18)

Vuelta 18: (1 p. b., dism.) 6 veces. (12)

Remate el hilo, dejando un cabo largo para coser la pieza.

Brazos (haga 2)

En el tono de piel deseado

Vuelta 1: anillo de 6 p. (6)

Vueltas 2-8: p. b. (6)

Remate el hilo, dejando un cabo largo para coser la pieza.

Una vez seco el pegamento del pelo, cierre la parte inferior de la cabeza con un sobrehilado. Rellene bien el cuerpo y cóselo a la parte inferior de la cabeza.

Falda

En rosa

Ahora tejerá la parte que cubre las piernas.

Vuelta 1: Dé la vuelta a la muñeca de modo que la espalda quede hacia usted y luego póngala boca abajo, con los pies hacia arriba. Introduzca el ganchillo de 2,75 mm en el centro de la espalda, entre las vueltas 10 y 11, eche hebra con el hilo rosa y sáquela por el punto, ciñéndolo bien. Ahora seguirá tejiendo a punto bajo alrededor del cuerpo. Como al hacer amigurumis trabajamos en redondo, los puntos crean una espiral de manera natural. Esto significa que no conectará el último punto con el punto original, sino que lo trabajará encima o debajo de este, según cómo lo mire. Como este es nuestro caso, tendrá que «saltarse» una vuelta para volver a estar a la misma altura que el punto inicial. Recomiendo hacer este salto solo justo antes del último punto y en la espalda de la muñeca. Como esto se apreciará un poco al mirarlo de cerca, prefiero que quede escondido detrás. Debería tener unos 24 puntos cuando llegue al punto de inicio.

Vueltas 2-5: p. b. (~24)

Remate el hilo y esconda el cabo.

Montaje

Cosa un brazo a cada lado del cuerpo (no es necesario rellenarlos). Con las tijeras, corte los cabos sueltos que hayan quedado. A continuación, podrá dar rienda suelta a su creatividad. Corte 2 alas de fieltro; puede hacerlas tan sencillas o intrincadas como quiera, así como elegir el color, la forma y el tamaño. Una vez hechas las alas de hada, péguelas a la espalda de la muñeca y recórtele el pelo. ¡Y ya está!

KRAMPUS

En Navidades, solemos decirles a los niños que deben portarse bien porque los Reyes Magos los están vigilando. Les aseguramos que, si se portan mal, solo les traerán carbón en lugar de los regalos que tanto desean. En el centro de Europa, los niños tienen una motivación extra para comportarse. Krampus es una criatura mitad cabra y mitad demonio que castiga a los niños que se portan mal durante la Navidad: les dan unos azotes con ramas o, en el peor de los casos, ¡se los llevan! Teja a su propio Krampus para hacerle una broma divertida a alguien… o para usarlo a finales de año para recordar a los niños que deben comportarse… ¡Es broma! Pero, por favor, disfrute de este patrón de ganchillo; hay muchas películas e historias sobre Krampus y seguro que a más de uno le encantará. Además, ¿quién puede resistirse a esas pezuñitas?

Materiales

- Ganchillo de 4 mm
- 1 madeja de 198 g de hilo de grosor medio de color negro (yo he usado Super Saver, de Red Heart, color Black)
- 1 madeja de 198 g de hilo de grosor medio de color gris (yo he usado Simply Soft, de Caron, color Grey Heather)
- 1 madeja de 198 g de hilo de grosor medio de color rojo (yo he usado I Love This Yarn, color Red)
- 1 par de ojos de seguridad de 9 mm
- Relleno de fibra sintética
- Aguja de tapicería
- Alfileres para sujetar las piezas en su sitio mientras las cose
- Tijeras

Abreviaturas

anillo – anillo mágico

aum. – haga 2 p. b. en el mismo p. para aumentar 1 p.

cad. – cad.

dism. – disminución invisible

laz. tras. – trabaje solo en la lazada trasera de los p. de la vuelta

p. b. – punto bajo

p. m. a. – punto medio alto

p. r. – punto raso

Cabeza

En negro

Vuelta 1: anillo de 6 p. (6)

Vuelta 2: (aum.) 6 veces. (12)

Vuelta 3: (1 p. b., aum.) 6 veces. (18)

Vuelta 4: (2 p. b., aum.) 6 veces. (24)

Vuelta 5: (3 p. b., aum.) 6 veces. (30)

Vueltas 6-10: p. b. (30)

Vuelta 11: (4 p. b., aum.) 6 veces. (36)

Vueltas 12-14: p. b. (36)

Ponga los ojos entre las vueltas 11 y 12 dejando 6 p. entremedias. Rellene bien la cabeza mientras va haciendo disminuciones.

Vuelta 15: (4 p. b., dism.) 6 veces. (30)

Vuelta 16: (3 p. b., dism.) 6 veces. (24)

Vuelta 17: (2 p. b., dism.) 6 veces. (18)

Vuelta 18: (1 p. b., dism.) 6 veces. (12)

Vuelta 19: (dism.) 6 veces. (6)

Remate el hilo.

Hocico

En negro

Vuelta 1: anillo de 6 p. (6)

Vuelta 2: (aum.) 6 veces. (12)

Vuelta 3: (3 p. b., aum.) 3 veces. (15)

Vueltas 4 y 5: p. b. (15)

Remate el hilo, dejando un cabo largo para coser la pieza.

Cuerpo

En negro

Vuelta 1: anillo de 6 p. (6)

Vuelta 2: (aum.) 6 veces. (12)

Vuelta 3: (1 p. b., aum.) 6 veces. (18)

Vuelta 4: (2 p. b., aum.) 6 veces. (24)

Vuelta 5: (3 p. b., aum.) 6 veces. (30)

Vueltas 6-9: p. b. (30)

Vuelta 10: (3 p. b., dism.) 6 veces. (24)

(continúa)

KRAMPUS (CONTINUACIÓN)

Vuelta 11: (2 p. b., dism.) 6 veces. (18) **Vueltas 12-17**: p. b. (18)

Vuelta 18: (1 p. b., dism.) 6 veces. (12)

Remate el hilo, dejando un cabo largo para coser la pieza.

Muslos (haga 2)

En negro

Vuelta 1: anillo de 6 p. (6)

Vuelta 2: (aum.) 6 veces. (12)

Vueltas 3-10: p. b. (12)

Vuelta 11: (dism.) 6 veces. (6)

Remate el hilo, dejando un cabo largo para coser la pieza.

Patas (haga 2)

En negro

Vuelta 1: anillo de 6 p. (6)

Vuelta 2: (1 p. b., aum.) 3 veces. (9)

Vuelta 3: p. b. en la laz. tras. (9)

Vueltas 4-11: p. b. (9)

Vuelta 12: (1 p. b., dism.) 3 veces. (6)

Remate el hilo, dejando un cabo largo para coser la pieza.

Brazos (haga 2)

En negro

Vuelta 1: anillo de 6 p. (6)

Vuelta 2: (1 p. b., aum.) 3 veces. (9)

Vuelta 3: p. b. en la laz. tras. (9)

Vueltas 4-13: p. b. (9)

Remate el hilo, dejando un cabo largo para coser la pieza.

Cola

En negro

Vuelta 1: anillo de 6 p. (6)

Vueltas 2-11: p. b. (6)

Remate el hilo, dejando un cabo largo para coser la pieza.

Cuernos (haga 2)

En gris

Vuelta 1: anillo de 6 p. (6)

Vuelta 2: (2 p. b., aum.) 2 veces. (8)

Vueltas 3-6: p. b. (8)

Remate el hilo, dejando un cabo largo para coser la pieza.

Orejas (haga 2)

En negro

Vuelta 1: Haga 4 cad., dele la vuelta, 1 p. r. en la 2.ª cad. desde el ganchillo, 1 p. b. en la cad. siguiente, 1 p. m. a. en la última cad.

Remate el hilo, dejando un cabo largo para coser la pieza.

Lengua

En rojo

Vuelta 1: Haga 14 cad., dele la vuelta, 1 p. r. en cada cad. empezando en la 2.ª cad. desde el ganchillo. (13)

Remate el hilo, dejando un cabo largo para coser la pieza.

Montaje

Cierre la cabeza con un sobrehilado, rellene bien el cuerpo y cósalo a la parte inferior de la cabeza. Rellene bien los muslos y cosa uno a cada lado de la parte inferior del cuerpo. Rellene un poco las patas y cósalas, algo inclinadas, a la parte inferior de los muslos. Cosa un brazo a cada lado de la parte superior del torso (no es necesario rellenarlos). Con alfileres, sujete el hocico entre los ojos. Empiece a coserlo, pero deténgase cuando lleve el 75 %. Introduzca la cantidad de relleno deseada y termine de coserlo. Cosa los cuernos sobre la cabeza y una oreja a cada lado de ellos, un poco más adelante. Cosa la cola a la parte inferior de la espalda. Ponga un mechón de pelo en la punta de la cola usando 3 trozos de hilo gris de unos 15 cm. Átelos en la punta con la técnica *latch hook*. Por último, use hilo gris para bordar la nariz en el hocico y cosa la lengua en la parte inferior. Con las tijeras, corte los cabos sueltos. Y su Krampus ya está terminado, ¡listo para asegurarse de que los niños se portan bien!

KITSUNE

Los kitsunes son originarios de la mitología japonesa. Son zorros astutos y traviesos que poseen varias habilidades especiales. La cantidad de colas que tienen (¡hasta nueve!) dice mucho de ellos. A medida que crecen y se hacen más sabios, no solo se vuelven más poderosos, sino que también les crecen más colas. Una nueva cola puede tardar hasta 100 años en crecer.

Así que, si algún día se topa con un zorro que tenga nueve colas, más vale que dé media vuelta y eche a correr. Tenga esto en cuenta cuando decida la cantidad de colas que le hará a su kitsune. Como pasa con todo, hay kitsunes malos y kitsunes buenos. Así que no se preocupe mientras hace el suyo: ¡estoy segura de que puede educarlo para que sea como usted quiera! Pero un aviso: incluso a un kitsune bueno puede darle por divertirse haciendo trastadas de vez en cuando...

Materiales

- Ganchillo de 4 mm
- 1 madeja de 198 g de hilo de grosor medio de color blanco (yo he usado Super Saver, de Red Heart, color White)
- 1 par de ojos de seguridad de 12 mm
- Relleno de fibra sintética
- Aguja de tapicería
- Alfileres para sujetar las piezas en su sitio mientras las cose
- Tijeras
- Resto de hilo negro para bordar la nariz

Abreviaturas

anillo – anillo mágico

aum. – haga 2 p. b. en el mismo p. para aumentar 1 p.

dism. – disminución invisible

p. b. – punto bajo

Cabeza

Vuelta 1: anillo de 6 p. (6)

Vuelta 2: (aum.) 6 veces. (12)

Vuelta 3: (1 p. b., aum.) 6 veces. (18)

Vuelta 4: (2 p. b., aum.) 6 veces. (24)

Vuelta 5: (3 p. b., aum.) 6 veces. (30)

Vuelta 6: (4 p. b., aum.) 6 veces. (36)

Vueltas 7-12: p. b. (36)

Vuelta 13: (5 p. b., aum.) 6 veces. (42)

Vueltas 14-16: p. b. (42)

Inserte los ojos entre las vueltas 12 y 13 dejando 7 p. entremedias. Rellene bien la cabeza mientras va haciendo disminuciones.

Vuelta 17: (5 p. b., dism.) 6 veces. (36)

Vuelta 18: (4 p. b., dism.) 6 veces. (30)

Vuelta 19: (3 p. b., dism.) 6 veces. (24)

Vuelta 20: (2 p. b., dism.) 6 veces. (18)

Vuelta 21: (1 p. b., dism.) 6 veces. (12)

Vuelta 22: (dism.) 6 veces. (6)

Remate el hilo.

Cuerpo

Vuelta 1: anillo de 6 p. (6)

Vuelta 2: (aum.) 6 veces. (12)

Vuelta 3: (1 p. b., aum.) 6 veces. (18)

Vuelta 4: (2 p. b., aum.) 6 veces. (24)

Vuelta 5: (3 p. b., aum.) 6 veces. (30)

Vuelta 6: (4 p. b., aum.) 6 veces. (36)

Vueltas 7-9: p. b. (36)

Vuelta 10: (4 p. b., dism.) 6 veces. (30)

Vuelta 11: p. b. (30)

Vuelta 12: (3 p. b., dism.) 6 veces. (24)

Vueltas 13-15: p. b. (24)

Vuelta 16: (2 p. b., dism.) 6 veces. (18)

Vuelta 17: p. b. (18)

Remate el hilo, dejando un cabo largo para coser la pieza.

(continúa)

KITSUNE (CONTINUACIÓN)

Patas traseras (haga 2)

Vuelta 1: anillo de 6 p. (6)

Vuelta 2: (aum.) 6 veces. (12)

Vuelta 3: (3 p. b., aum.) 3 veces. (15)

Vuelta 4: p. b. (15)

Remate el hilo, dejando un cabo largo para coser la pieza.

Pies traseros (haga 2)

Vuelta 1: anillo de 6 p. (6)

Vuelta 2: (2 p. b., aum.) 2 veces. (8)

Vuelta 3: p. b. (8)

Remate el hilo, dejando un cabo largo para coser la pieza.

Patas delanteras (haga 2)

Vuelta 1: anillo de 6 p. (6)

Vuelta 2: (2 p. b., aum.) 2 veces. (8)

Vueltas 3-13: p. b. (8)

Remate el hilo, dejando un cabo largo para coser la pieza.

Hocico

Vuelta 1: anillo de 6 p. (6)

Vuelta 2: (1 p. b., aum.) 3 veces. (9)

Vuelta 3: (2 p. b., aum.) 3 veces. (12)

Vuelta 4: (3 p. b., aum.) 3 veces. (15)

Vuelta 5: p. b. (15)

Vuelta 6: (4 p. b., aum.) 3 veces. (18)

Vueltas 7 y 8: p. b. (18)

Remate el hilo, dejando un cabo largo para coser la pieza.

Orejas (haga 2)

Vuelta 1: anillo de 4 p. (4)

Vuelta 2: (1 p. b., aum.) 2 veces. (6)

Vuelta 3: (2 p. b., aum.) 2 veces. (8)

Vuelta 4: (3 p. b., aum.) 2 veces. (10)

Vuelta 5: (4 p. b., aum.) 2 veces. (12)

Vueltas 6-9: p. b. (12)

Remate el hilo, dejando un cabo largo para coser la pieza.

Cola

¡Haga tantas como desee! Los kitsunes suelen tener entre 2 y 9, según su edad. Yo al mío le he hecho 7.

Vuelta 1: anillo de 6 p. (6)

Vuelta 2: (2 p. b., aum.) 2 veces. (8)

Vuelta 3: (3 p. b., aum.) 2 veces. (10)

Vuelta 4: (4 p. b., aum.) 2 veces. (12)

Vueltas 5-12: p. b. (12)

Vuelta 13: (dism.) 6 veces. (6)

Remate el hilo, dejando un cabo largo para coser la pieza.

Montaje

Cierre la cabeza con un sobrehilado, luego rellene bien el cuerpo y cósalo a la parte inferior de la cabeza. Cosa una pata trasera a cada lado del cuerpo, rellenándolas a su gusto antes de terminar la costura. A continuación, cosa los pies a la parte delantera de las patas traseras, comprobando que el muñeco se aguante a medida que cose para asegurarse de que queda bien sentado. A continuación, cosa las patas delanteras por delante del torso (no es necesario rellenarlas).

Cosa las orejas encima de la cabeza y el hocico en el medio de la cara, entre los ojos. Con el resto de hilo negro, borde la nariz en la parte superior del hocico.

Rellene las colas y, con alfileres, sujételas a la parte trasera del muñeco para decidir cómo las coloca. Cuando le guste cómo quedan, cósalas. Con las tijeras, corte los cabos sueltos que hayan quedado. ¡Y su kitsune estará terminado!

GOBLIN

Los goblins son criaturas muy pícaras especialmente conocidas por su avaricia. Les encanta robar oro y joyas, y tienen algunas habilidades mágicas guardadas en la manga, ¡así que tenga cuidado cuando los confeccione! Pero este patrón es solo para hacer a un goblin bebé. Con sus grandes ojos y orejas; parece tan dulce e inocente… ¿En cuántos líos podría meterse? ¿Serán estas mis últimas palabras?

Cabeza

Vuelta 1: anillo de 6 p. (6)

Vuelta 2: (aum.) 6 veces. (12)

Vuelta 3: (1 p. b., aum.) 6 veces. (18)

Vuelta 4: (2 p. b., aum.) 6 veces. (24)

Vuelta 5: (3 p. b., aum.) 6 veces. (30)

Vuelta 6: (4 p. b., aum.) 6 veces. (36)

Vueltas 7-12: p. b. (36)

Vuelta 13: (5 p. b., aum.) 6 veces. (42)

Vueltas 14-17: p. b. (42)

Deje de tejer y recorte dos círculos de fieltro blanco de unos 1,3 cm de diámetro. Haga una incisión en el centro de cada círculo e inserte un ojo de seguridad en cada uno; de este modo, el ojo estará rodeado por el círculo blanco. Recorte el círculo de manera que quede fino por encima (yo hice el mío casi invisible) y más ancho por debajo. Así parecerá que su muñeco mire hacia arriba y tendrá una expresión adorable. Cuando esté satisfecho con los ojos, insértelos entre las vueltas 13 y 14 dejando 7 p. entremedias. Rellene bien la cabeza mientras va haciendo disminuciones.

Vuelta 18: (5 p. b., dism.) 6 veces. (36)

Vuelta 19: (4 p. b., dism.) 6 veces. (30)

Vuelta 20: (3 p. b., dism.) 6 veces. (24)

Vuelta 21: (2 p. b., dism.) 6 veces. (18)

Vuelta 22: (1 p. b., dism.) 6 veces. (12)

Vuelta 23: (dism.) 6 veces. (6)

Remate el hilo.

Cuerpo

Vuelta 1: anillo de 6 p. (6)

Vuelta 2: (aum.) 6 veces. (12)

Vuelta 3: (1 p. b., aum.) 6 veces. (18)

Vuelta 4: (2 p. b., aum.) 6 veces. (24)

Vuelta 5: (3 p. b., aum.) 6 veces. (30)

Vuelta 6: (4 p. b., aum.) 6 veces. (36)

Vueltas 7-10: p. b. (36)

Vuelta 11: (4 p. b., dism.) 6 veces. (30)

Vueltas 12-15: p. b. (30)

Vuelta 16: (3 p. b., dism.) 6 veces. (24)

Vuelta 17: (2 p. b., dism.) 6 veces. (18)

Vuelta 18: (1 p. b., dism.) 6 veces. (12)

Remate el hilo, dejando un cabo largo para coser la pieza.

(continúa)

Materiales

- Ganchillo de 4 mm
- 1 madeja de 198 g de hilo de grosor medio de color verde oscuro (yo he usado I Love This Yarn, color Forest Green)
- 1 par de ojos de seguridad de 12 mm
- Relleno de fibra sintética
- Aguja de tapicería
- Alfileres para sujetar las piezas en su sitio mientras las cose
- Tijeras
- 1 lámina de fieltro blanco

Abreviaturas

anillo – anillo mágico

aum. – haga 2 p. b. en el mismo p. para aumentar 1 p.

dism. – disminución invisible

p. b. – punto bajo

GOBLIN (CONTINUACIÓN)

Piernas (haga 2)

Vuelta 1: anillo de 6 p. (6)

Vuelta 2: (aum.) 6 veces. (12)

Vuelta 3: (3 p. b., aum.) 3 veces. (15)

Vueltas 4-6: p. b. (15)

Vuelta 7: (3 p. b., dism.) 3 veces. (12)

Vueltas 8-10: p. b. (12)

Vuelta 11: (2 p. b., dism.) 3 veces. (9)

Vueltas 12-14: p. b. (9)

Remate el hilo, dejando un cabo largo para coser la pieza.

Brazos (haga 2)

Vuelta 1: anillo de 6 p. (6)

Vuelta 2: (aum.) 6 veces. (12)

Vueltas 3-7: p. b. (12)

Vuelta 8: (2 p. b., dism.) 3 veces. (9)

Vueltas 9-13: p. b. (9)

Remate el hilo, dejando un cabo largo para coser la pieza.

Orejas (haga 2)

Vuelta 1: anillo de 6 p. (6)

Vuelta 2: p. b. (6)

Vuelta 3: (2 p. b., aum.) 2 veces. (8)

Vuelta 4: (3 p. b., aum.) 2 veces. (10)

Vuelta 5: (4 p. b., aum.) 2 veces. (12)

Vueltas 6-9: p. b. (12)

Vuelta 10: (4 p. b., dism.) 2 veces. (10)

Remate el hilo, dejando un cabo largo para coser la pieza.

Montaje

Cierre la cabeza con un sobrehilado, luego rellene bien el cuerpo y cósalo a la parte inferior de la cabeza. Rellene las piernas y cósalas a la parte inferior del cuerpo; yo lo he hecho en posición sentada, pero puede hacer al suyo como desee. Rellene un poco los brazos y cósalos a la parte superior del cuerpo, uno a cada lado. Con alfileres, sujete una oreja a cada lado de la cabeza y asegúrese de que están a la misma altura antes de coserlas. A continuación, utilice las tijeras para cortar los cabos sueltos de las piezas que ha cosido, ¡y su goblin estará listo!

COCO

El coco es una criatura terrorífica que ha poblado las pesadillas de los niños desde tiempos inmemoriales. Acecha desde las sombras, se esconde bajo sus camas y desaparece por arte de magia cuando los preocupados padres vienen a echarlo... ¡para reaparecer en cuanto cierran la puerta al irse! Cuando termine de hacer al suyo, puede que le cueste encontrarlo si le quita el ojo de encima. ¡Avisado está!
Este patrón incluye los largos y espeluznantes dedos que los niños aseguran que ven salir de debajo de sus camas, ¡además de una sonrisa amenazadora llena de dientes afilados!

Materiales

- Ganchillo de 4 mm
- 1 madeja de 198 g de hilo de grosor medio de color negro (yo he usado One Pound, de Caron, color Black)
- Relleno de fibra sintética
- Aguja de tapicería
- Alfileres para sujetar las piezas en su sitio mientras las cose
- Tijeras
- 1 lámina de fieltro blanco
- Pegamento Fabri-Tac o termofusible

Abreviaturas

anillo – anillo mágico

aum. – haga 2 p. b. en el mismo p. para aumentar 1 p.

cad. – cad.

dism. – disminución invisible

p. b. – punto bajo

p. r. – punto raso

Cabeza

Vuelta 1: anillo de 6 p. (6)

Vuelta 2: (aum.) 6 veces. (12)

Vuelta 3: (1 p. b., aum.) 6 veces. (18)

Vuelta 4: (2 p. b., aum.) 6 veces. (24)

Vuelta 5: (3 p. b., aum.) 6 veces. (30)

Vuelta 6: (4 p. b., aum.) 6 veces. (36)

Vueltas 7-15: p. b. (36)

Vuelta 16: (4 p. b., dism.) 6 veces. (30)

Vuelta 17: (3 p. b., dism.) 6 veces. (24)

Rellénelo bien mientras sigue haciendo disminuciones.

Vuelta 18: (2 p. b., dism.) 6 veces. (18)

Vuelta 19: (1 p. b., dism.) 6 veces. (12)

Vuelta 20: (dism.) 6 veces. (6)

Remate el hilo.

Cuerpo

Vuelta 1: anillo de 6 p. (6)

Vuelta 2: (aum.) 6 veces. (12)

Vuelta 3: (1 p. b., aum.) 6 veces. (18)

Vuelta 4: (2 p. b., aum.) 6 veces. (24)

Vuelta 5: (3 p. b., aum.) 6 veces. (30)

Vueltas 6-8: p. b. (30)

Vuelta 9: (3 p. b., dism.) 6 veces. (24)

Vueltas 10-12: p. b. (24)

Vuelta 13: (2 p. b., dism.) 6 veces. (18)

Vueltas 14-16: p. b. (18)

Remate el hilo, dejando un cabo largo para coser la pieza.

Muslos (haga 2)

Vuelta 1: anillo de 6 p. (6)

Vuelta 2: (1 p. b., aum.) 3 veces. (9)

Vueltas 3-7: p. b. (9)

Remate el hilo, dejando un cabo largo para coser la pieza.

(continúa)

COCO (CONTINUACIÓN)

Piernas (haga 2)

Vuelta 1: anillo de 6 p. (6)

Vueltas 2-8: p. b. (6)

Remate el hilo, dejando un cabo largo para coser la pieza.

Brazos (haga 2)

Vuelta 1: anillo de 6 p. (6)

Vueltas 2-9: p. b. (6)

Remate el hilo, dejando un cabo largo para coser la pieza.

Dedos (haga 6)

Haga 6 cad., dele la vuelta, 1 p. r. en la 2.ª cad. desde el ganchillo y en cada una de las cad. restantes. (5)

Remate el hilo, dejando un cabo largo para coser la pieza.

Montaje

Cierre la cabeza con un sobrehilado, luego rellene bien el cuerpo y cósalo a la parte inferior de la cabeza. Como no hay rasgos que ayuden a distinguir la parte delantera y la trasera de la cabeza, a partir de ahora el lado en el que no está cosido el cuerpo es la parte delantera. Rellene los muslos y cosa uno a cada lado de la parte posterior del cuerpo. Tenga cuidado a la hora de coser estas piezas. Queremos que nuestro coco esté agachado; al coser los muslos de mi muñeco, me aseguré de que

estuvieran inclinados hacia abajo y también un poco hacia delante (la misma posición en la que están nuestros muslos cuando nos agachamos).

A continuación, cosa las piernas en la parte inferior de los muslos, justo debajo de donde estarían las rodillas (no es necesario que las rellene). Después, cosa un brazo a cada lado del cuerpo, a la altura del punto de unión entre el cuerpo y la cabeza, y cósalos (no es necesario rellenarlos). De nuevo, fíjese bien en la inclinación mientras los cose. Yo los coloqué de manera que mantuvieran el cuerpo ligeramente erguido. ¡La idea es que el coco parezca estar agachado debajo de una cama!

Cosa 3 dedos en cada mano. Con las tijeras, corte los cabos sueltos de las piezas que ha cosido.

Por último, recorte triangulitos de fieltro blanco que midan unos 1,3 cm de largo y, con pegamento, péguelos en la parte delantera de la cabeza, donde estaría la cara. Yo corté 9 triángulos y los puse intercalados formando dos hileras algo espaciadas. Pero puede ponerle tantos dientes como desee. Una vez que el pegamento se haya secado, ¡su coco estará listo!

MONSTRUO DE FRANKENSTEIN

Todo el mundo conoce la historia del Dr. Frankenstein, un científico loco que crea un ser viviente y luego huye de él por miedo. Una criatura perdida, confundida y abandonada que tiene sentimientos, ¿sabe? Él solo anhela encajar, pero, debido a su apariencia grotesca y a sus orígenes, lo rechazan una y otra vez… hasta que estalla… y, entonces, ¿tienen la cara de llamarlo monstruo a él? Le presento a mi adorable versión de esta criatura clásica. Es de naturaleza buena y pura y, con un poco de amor, estoy segura de que le irá bien en nuestro mundo. Pero es un poco sensible… ¡así que proceda con cautela!

Cabeza

En verde

Vuelta 1: anillo de 6 p. (6)

Vuelta 2: (aum.) 6 veces. (12)

Vuelta 3: (1 p. b., aum.) 6 veces. (18)

Vuelta 4: (2 p. b., aum.) 6 veces. (24)

Vuelta 5: (3 p. b., aum.) 6 veces. (30)

Vuelta 6: (4 p. b., aum.) 6 veces. (36)

Vueltas 7-15: p. b. (36)

Vuelta 16: (4 p. b., dism.) 6 veces. (30)

Vuelta 17: (3 p. b., dism.) 6 veces. (24)

Inserte los ojos entre las vueltas 11 y 12 dejando 6 p. entremedias. Rellénelo bien mientras sigue haciendo disminuciones.

Vuelta 18: (2 p. b., dism.) 6 veces. (18)

Vuelta 19: (1 p. b., dism.) 6 veces. (12)

Vuelta 20: (dism.) 6 veces. (6)

Remate el hilo.

Base del pelo

En negro

Vuelta 1: anillo de 6 p. (6)

Vuelta 2: (aum.) 6 veces. (12)

Vuelta 3: (1 p. b., aum.) 6 veces. (18)

Vuelta 4: (2 p. b., aum.) 6 veces. (24)

Vuelta 5: (3 p. b., aum.) 6 veces. (30)

Vuelta 6: (4 p. b., aum.) 6 veces. (36)

Vueltas 7-11: p. b. (36)

Remate el hilo, dejando un cabo largo para coser la pieza.

Orejas (haga 2)

En verde

Vuelta 1: anillo de 5 p. (5)

Junte todos los p. a un lado del anillo mágico para crear un semicírculo. Remate el hilo, dejando un cabo largo para coser la pieza.

(continúa)

Materiales

- Ganchillo de 4 mm
- 1 madeja de 198 g de hilo de grosor medio de color verde (yo he usado I Love This Yarn, color Mid Green)
- 1 madeja de 198 g de hilo de grosor medio de color negro (yo he usado Value, de Big Twist, color Black)
- 1 madeja de 198 g de hilo de grosor medio de color marrón (yo he usado Value, de Big Twist, color Chocolate)
- 1 madeja de 198 g de hilo de grosor medio de color gris (yo he usado I Love This Yarn, color Graymist)
- 1 par de ojos de seguridad de 9 mm
- Relleno de fibra sintética
- Aguja de tapicería
- Alfileres para sujetar las piezas en su sitio mientras las cose
- Tijeras
- Un trozo de 25 cm de hilo de bordar negro

Abreviaturas

anillo – anillo mágico

aum. – haga 2 p. b. en el mismo p. para aumentar 1 p.

dism. – disminución invisible

p. b. – punto bajo

MONSTRUO DE FRANKENSTEIN (CONTINUACIÓN)

Brazos (haga 2)

En verde

Vuelta 1: anillo de 6 p. (6)

Vuelta 2: (1 p. b., aum.) 3 veces. (9)

Vueltas 3 y 4: p. b. (9)

Cambie al hilo marrón.

Vueltas 5-9: p. b. (9)

Remate el hilo, dejando un cabo largo para coser la pieza.

Cuerpo

Comience por la primera pierna, en verde.

Vuelta 1: anillo de 6 p. (6)

Vuelta 2: (aum.) 6 veces. (12)

Vueltas 3 y 4: p. b. (12)

Cambie al hilo negro.

Vueltas 5-7: p. b. (12)

Remate el hilo.

Haga la segunda pierna, en verde.

Vuelta 1: anillo de 6 p. (6)

Vuelta 2: (aum.) 6 veces. (12)

Vueltas 3 y 4: p. b. (12)

Cambie al hilo negro.

Vueltas 5-7: p. b. (12)

No remate el hilo; trabaje el p. siguiente en la primera pierna y considérelo el primero de la vuelta 8.

Vueltas 8-10: p. b. (24)

Cambie al hilo marrón.

Vueltas 11-15: p. b. (24)

Vuelta 16: (2 p. b., dism.) 6 veces. (18)

Vuelta 17: p. b. (18)

Vuelta 18: (1 p. b., dism.) 6 veces. (12)

Remate el hilo, dejando un cabo largo para coser la pieza.

Tornillos (haga 2)

En gris

Vuelta 1: anillo de 6 p. (6)

Vueltas 2 y 3: p. b. (6)

Remate el hilo, dejando un cabo largo para coser la pieza.

Montaje

Primero, cierre la cabeza con un sobrehilado y cosa la base del pelo encima de la cabeza. Yo la he inclinado para que queden 4 hileras visibles entre los ojos y la línea de nacimiento del pelo. Una vez que la base del pelo esté fijada en su sitio, utilice el cabo restante (si no es lo suficientemente largo, corte un trozo de hilo negro de unos 25 cm) y empiece a bordar un flequillo que cubra el borde de la base del pelo y la frente. Utilice como referencia la fotografía del muñeco terminado. (*Consejo: ¡Planear dónde irá el flequillo de antemano con alfileres puede ahorrarle tiempo y disgustos!*) Después, cosa una oreja a cada lado de la cabeza y utilice hilo negro para bordar las patillas. Bordar pelo puede ser un poco difícil al principio, ¡pero no se rinda! Siempre queda muy mono, así que el esfuerzo merece mucho la pena.

A continuación, rellene bien el cuerpo y cósalo a la parte inferior de la cabeza. Cosa un brazo a cada lado del cuerpo, a la altura del punto de unión entre el cuerpo y la cabeza (no es necesario que los rellene). Cosa los tornillos en la parte inferior de la cabeza (no es necesario rellenarlos). Con las tijeras, corte los cabos sueltos que hayan quedado.

Con hilo de bordar negro, borde unos puntos en la cara de su muñequito y luego las cejas. Por último, con hilo verde, borde la «piel» que resulta visible en los pantalones y la camiseta para que parezca que tiene la ropa rasgada. Una vez hecho esto, ¡su criatura estará terminada!

LOS GRISES

¿Alguna vez ha mirado las estrellas y se ha preguntado si en algún lugar del universo hay otras formas de vida? En cuanto haya tejido estos alienígenas, ¡podrá demostrar que sí! A mucha gente les parecen seres terroríficos e inquietantes, pero creo que la mayoría que los vean en este estilo chibi estarán de acuerdo en que también pueden ser una monada. Prepare el ganchillo y el hilo, ¡y empiece a tejer una de las formas de vida más adorables del espacio exterior! Este patrón es ideal para aprovechar restos de hilos: puede hacerlos de cualquier color (pese al nombre «los grises») y requieren poca cantidad de hilo.

Materiales

- Ganchillo de 4 mm
- 2 madejas de 198 g de hilo de grosor medio de color gris (yo he usado One Pound, de Caron, color Soft Grey)
- Relleno de fibra sintética
- Aguja de tapicería
- Alfileres para sujetar las piezas en su sitio mientras las cose
- Tijeras
- 1 lámina de fieltro negro
- Pegamento Fabri-Tac o termofusible

Abreviaturas

anillo – anillo mágico

aum. – haga 2 p. b. en el mismo p. para aumentar 1 p.

dism. – disminución invisible

p. b. – punto bajo

Cabeza

Vuelta 1: anillo de 6 p. (6)

Vuelta 2: (aum.) 6 veces. (12)

Vuelta 3: (1 p. b., aum.) 6 veces. (18)

Vuelta 4: (2 p. b., aum.) 6 veces. (24)

Vuelta 5: (3 p. b., aum.) 6 veces. (30)

Vuelta 6: (4 p. b., aum.) 6 veces. (36)

Vueltas 7-13: p. b. (36)

Vuelta 14: (4 p. b., dism.) 6 veces. (30)

Vuelta 15: p. b. (30)

Vuelta 16: (3 p. b., dism.) 6 veces. (24)

Vuelta 17: p. b. (24)

Rellénelo bien mientras sigue haciendo disminuciones.

Vuelta 18: (2 p. b., dism.) 6 veces. (18)

Vuelta 19: p. b. (18)

Vuelta 20: (1 p. b., dism.) 6 veces. (12)

Vuelta 21: (dism.) 6 veces. (6)

Remate el hilo.

Brazos (haga 2)

Vuelta 1: anillo de 6 p. (6)

Vuelta 2: (1 p. b., aum.) 3 veces. (9)

Vueltas 3-9: p. b. (9)

Remate el hilo.

Cuerpo

Comience por la primera pierna.

Vuelta 1: anillo de 6 p. (6)

Vuelta 2: (aum.) 6 veces. (12)

Vueltas 3-7: p. b. (12)

Remate el hilo.

(continúa)

LOS GRISES (CONTINUACIÓN)

Haga la segunda pierna.

Vuelta 1: anillo de 6 p. (6)

Vuelta 2: (aum.) 6 veces. (12)

Vueltas 3-7: p. b. (12)

No remate el hilo; trabaje el p. siguiente en la primera pierna y considérelo el primero de la vuelta 8.

Vuelta 8: p. b. (24)

Vueltas 9-15: p. b. (24)

Vuelta 16: (2 p. b., dism.) 6 veces. (18)

Vuelta 17: p. b. (18)

Vuelta 18: (1 p. b., dism.) 6 veces. (12)

Remate el hilo, dejando un cabo largo para coser la pieza.

Ojos

Recorte dos óvalos de fieltro negro. Los míos miden 3 cm de largo y 2 cm de ancho. Debe hacer los ojos proporcionados a la cabeza que ha tejido. Nuestros muñecos serán un poco diferentes, ya que cada persona ejerce una tensión diferente al tejer y puede que utilicemos hilos diferentes. No pasa absolutamente nada: simplemente recorte óvalos más grandes o más pequeños para adaptarlos al tamaño de la cabeza de su muñeco.

Color alternativo

Montaje

Cierre la cabeza con un sobrehilado. Rellene bien el cuerpo y cósalo a la parte inferior de la cabeza. Cosa un brazo a cada lado del torso, justo debajo del punto de unión entre el cuerpo y la cabeza. Después, pegue los ojos. ¡Recuerde que un poquito de pegamento da para mucho! Si aplica demasiado, puede traspasar el fieltro. Yo pegué los ojos ligeramente inclinados entre las vueltas 8 y 16. Una vez hecho esto, ¡ya habrá acabado a su pequeño alienígena!

ROBOT DE CIENCIA FICCIÓN

Los robots, especialmente los de ciencia ficción, nacen para facilitar la vida de las personas, pero siempre hay algo que va mal y que se interpone entre la inteligencia artificial y el ser humano. No se preocupe, que este no será nuestro caso. Estos robots están programados para dar alegría a cualquiera que lo tenga cerca; ¡esa es su única función! Tanto si se coloca al lado de la pantalla de un ordenador para hacer compañía a un trabajador como si acaba en manos de un niño, ¡lo que hace es repartir felicidad a tutiplén! Con este patrón, podrá llenar nuestro mundo con un ejército de bondadosos androides. Mi parte favorita del patrón es lo mucho que puede personalizarse. Puede elegir cualquier combinación de colores y, si decide pintar los ojos de seguridad, le dará un acabado final aún más completo.

Materiales

- Ganchillo de 4 mm
- 1 madeja de 198 g de hilo de grosor medio de color gris (yo he usado Value, de Big Twist, color Soft Gray)
- 1 madeja de 198 g de hilo de grosor medio de color negro (yo he usado Value, de Big Twist, color Black)
- 1 par de ojos de seguridad de 9 mm (pintados tal como se explica en la página 13)
- Relleno de fibra sintética
- Aguja de tapicería
- Alfileres para sujetar las piezas en su sitio mientras las cose
- Tijeras
- 1 lámina de fieltro blanco
- Pegamento Fabri-Tac o termofusible

Abreviaturas

anillo – anillo mágico

aum. – haga 2 p. b. en el mismo p. para aumentar 1 p.

dism. – disminución invisible

laz. tras. – trabaje solo en la lazada trasera de los p. de la vuelta

p. b. – punto bajo

Cabeza

En gris

Vuelta 1: anillo de 6 p. (6)

Vuelta 2: (aum.) 6 veces. (12)

Vuelta 3: (1 p. b., aum.) 6 veces. (18)

Vuelta 4: (2 p. b., aum.) 6 veces. (24)

Vuelta 5: (3 p. b., aum.) 6 veces. (30)

Vuelta 6: (4 p. b., aum.) 6 veces. (36)

Vueltas 7-15: p. b. (36)

Inserte los ojos entre las vueltas 11 y 12 dejando 6 p. entremedias. Rellene bien la cabeza mientras sigue haciendo disminuciones.

Vuelta 16: (4 p. b., dism.) 6 veces. (30)

Vuelta 17: (3 p. b., dism.) 6 veces. (24)

Vuelta 18: (2 p. b., dism.) 6 veces. (18)

Vuelta 19: (1 p. b., dism.) 6 veces. (12)

Vuelta 20: (dism.) 6 veces. (6)

Remate el hilo.

Cuerpo

Comience por la primera pierna, en gris.

Vuelta 1: anillo de 6 p. (6)

Vuelta 2: (aum.) 6 veces. (12)

Vuelta 3: (1 p. b., aum.) 6 veces. (18)

Vuelta 4: p. b. en la laz. tras. (18)

Vueltas 5-7: p. b. (18)

Vuelta 8: (1 p. b., dism.) 6 veces. (12)

Cambie al hilo negro.

Vuelta 9: p. b. en la laz. tras. (12)

Vueltas 10 y 11: p. b. (12)

Remate el hilo.

(continúa)

ROBOT DE CIENCIA FICCIÓN (CONTINUACIÓN)

Haga la segunda pierna, en gris.

Vuelta 1: anillo de 6 p. (6)

Vuelta 2: (aum.) 6 veces. (12)

Vuelta 3: (1 p. b., aum.) 6 veces. (18)

Vuelta 4: p. b. en la laz. tras. (18)

Vueltas 5-7: p. b. (18)

Vuelta 8: (1 p. b., dism.) 6 veces. (12)

Cambie al hilo negro.

Vuelta 9: p. b. en la laz. tras. (12)

Vueltas 10 y 11: p. b. (12)

Cambie al hilo gris.

No remate el hilo de la segunda pierna; trabaje el p. siguiente en la primera pierna y considérelo el primero de la vuelta 12.

Vuelta 12: p. b. (24)

Vuelta 13: (2 p. b., dism.) 6 veces. (18)

Vuelta 14: p. b. (18)

Cambie al hilo negro.

Vuelta 15: p. b. en la laz. tras. (18)

Vuelta 16: p. b. (18)

Cambie al hilo gris.

Color alternativo

Vueltas 17 y 18: p. b. (18)

Vuelta 19: (1 p. b., dism.) 6 veces. (12)

Vuelta 20: p. b. (12)

Remate el hilo, dejando un cabo largo para coser la pieza.

Brazos (haga 2)

En gris

Vuelta 1: anillo de 6 p. (6)

Vuelta 2: (aum.) 6 veces. (12)

Vuelta 3: p. b. en la laz. tras. (12)

Vueltas 4 y 5: p. b. (12)

Vuelta 6: (2 p. b., dism.) 3 veces. (9)

Cambie al hilo negro.

Vuelta 7: p. b. en la laz. tras. (9)

Vueltas 8 y 9: p. b. (9)

Remate el hilo, dejando un cabo largo para coser la pieza.

Tornillos laterales (haga 2)

En gris

Vuelta 1: anillo de 6 p. (6)

Vuelta 2: (aum.) 6 veces. (12)

Remate el hilo, dejando un cabo largo para coser la pieza.

Montaje

Primero, cierre la cabeza con un sobrehilado. Rellene bien el cuerpo y cósalo a la parte inferior de la cabeza. Rellene los brazos y cosa uno a cada lado del cuerpo. Con alfileres, sujete un tornillo a cada lado de la cabeza y cósalos. Corte 2 círculos de fieltro (del mismo color que los ojos) de unos 1,3 cm de diámetro y pegue cada uno en el centro de uno de los tornillos. Después, recorte un círculo de fieltro más pequeño, de unos 8 mm de diámetro, y péguelo en el centro del pecho. Puede decorar a su robot de la manera que considere mejor. Esto es solo cómo decidí hacerlo yo.

Capítulo 6

BESTIAS ALADAS

¿Es un pájaro? ¿Es un avión? No... ¡Es un dragón (página 139)! ¡Y eso una gárgola (página 157)! Creo que podemos afirmar perfectamente que hemos entrado en territorio de bestias aladas. No aparte la mirada del cielo mientras nos aventuramos en este capítulo; no querrá perderse alguna de las seis criaturas voladoras que he diseñado, ¿no? ¡Las alas son complicadas! Como verá a continuación, crearemos varios tipos diferentes. Si descubre que adora el estilo de algunas alas, pongamos las del dragón, pero que las del fénix (página 145) no le hacen tanta gracia, ¡puede mezclarlas e intercambiarlas sin problema! Que yo haya usado la técnica de las plumas de fieltro en el fénix no significa que no pueda quedar impresionante en el grifo (página 143). No se sienta obligado a seguir el patrón al pie de la letra; este libro es una herramienta y, a medida que avance por sus páginas, puede que se enamore de algún detalle en particular y quiera añadirlo a todos los amigurumis que haga pese a lo que indique el patrón.

DRAGÓN

Hay algo en los dragones que me deja sin aliento cada vez que me encuentro alguno en una serie, una película o un libro. ¡Son fantásticos! Son unas criaturas hermosas, protectoras, leales y simplemente impresionantes. Mis historias preferidas son las de dragones que protegen algo, sea un tesoro, una persona o un pueblo; a estos les guardo un rinconcito muy especial en mi corazón. Diseñé a este dragón de estilo osito de peluche para esta finalidad. Espero que los dragones que teja sean muy queridos y se encarguen de custodiar algo o a alguien que considere valioso.

Cabeza

En verde claro

Vuelta 1: anillo de 6 p. (6)

Vuelta 2: (aum.) 6 veces. (12)

Vuelta 3: (1 p. b., aum.) 6 veces. (18)

Vuelta 4: (2 p. b., aum.) 6 veces. (24)

Vuelta 5: (3 p. b., aum.) 6 veces. (30)

Vuelta 6: (4 p. b., aum.) 6 veces. (36)

Vueltas 7-12: p. b. (36)

Vuelta 13: (5 p. b., aum.) 6 veces. (42)

Vueltas 14-16: p. b. (42)

Inserte los ojos entre las vueltas 12 y 13 dejando 7 p. entremedias. Rellene bien la cabeza mientras va haciendo disminuciones.

Vuelta 17: (5 p. b., dism.) 6 veces. (36)

Vuelta 18: (4 p. b., dism.) 6 veces. (30)

Vuelta 19: (3 p. b., dism.) 6 veces. (24)

Vuelta 20: (2 p. b., dism.) 6 veces. (18)

Vuelta 21: (1 p. b., dism.) 6 veces. (12)

Vuelta 22: (dism.) 6 veces. (6)

Remate el hilo.

Cuerpo

En verde claro

Vuelta 1: anillo de 6 p. (6)

Vuelta 2: (aum.) 6 veces. (12)

Vuelta 3: (1 p. b., aum.) 6 veces. (18)

Vuelta 4: (2 p. b., aum.) 6 veces. (24)

Vuelta 5: (3 p. b., aum.) 6 veces. (30)

Vuelta 6: (4 p. b., aum.) 6 veces. (36)

Vueltas 7-9: p. b. (36)

Vuelta 10: (4 p. b., dism.) 6 veces. (30)

Vuelta 11: p. b. (30)

Vuelta 12: (3 p. b., dism.) 6 veces. (24)

Vueltas 13-15: p. b. (24)

Vuelta 16: (2 p. b., dism.) 6 veces. (18)

Vuelta 17: p. b. (18)

Remate el hilo, dejando un cabo largo para coser la pieza.

(continúa)

Materiales

- Ganchillo de 4 mm
- 1 madeja de 198 g de hilo de grosor medio de color verde claro (yo he usado I Love This Yarn, color Light Sage)
- 1 madeja de 198 g de hilo de grosor medio de color marrón (yo he usado I Love This Yarn, color Toasted Almond)
- 1 par de ojos de seguridad de 12 mm
- Relleno de fibra sintética
- Aguja de tapicería
- Alfileres para sujetar las piezas en su sitio mientras las cose
- Tijeras

Abreviaturas

anillo – anillo mágico

aum. – haga 2 p. b. en el mismo p. para aumentar 1 p.

cad. – cad.

dism. – disminución invisible

laz. tras. – trabaje solo en la lazada trasera de los p. de la vuelta

p. b. – punto bajo

DRAGÓN (CONTINUACIÓN)

Patas traseras (haga 2)

En verde claro

Vuelta 1: anillo de 6 p. (6)

Vuelta 2: (aum.) 6 veces. (12)

Vuelta 3: p. b. en la laz. tras. (12)

Vueltas 4-15: p. b. (12)

Remate el hilo, dejando un cabo largo para coser la pieza.

Patas delanteras (haga 2)

En verde claro

Vuelta 1: anillo de 6 p. (6)

Vuelta 2: (1 p. b., aum.) 3 veces. (9)

Vuelta 3: p. b. en la laz. tras. (9)

Vueltas 4-16: p. b. (9)

Remate el hilo, dejando un cabo largo para coser la pieza.

Hocico

En verde claro

Vuelta 1: anillo de 6 p. (6)

Vuelta 2: (aum.) 6 veces. (12)

Vuelta 3: (1 p. b., aum.) 6 veces. (18)

Vuelta 4: p. b. en la laz. tras. (18)

Vueltas 5-7: p. b. (18)

Remate el hilo, dejando un cabo largo para coser la pieza.

Orejas (haga 2)

En verde claro

Vuelta 1: anillo de 4 p. (4)

Vuelta 2: (1 p. b., aum.) 2 veces. (6)

Vuelta 3: (2 p. b., aum.) 2 veces. (8)

Vuelta 4: (3 p. b., aum.) 2 veces. (10)

Vuelta 5: (4 p. b., aum.) 2 veces. (12)

Vueltas 6-9: p. b. (12)

Vuelta 10: (dism.) 6 veces. (6)

Remate el hilo, dejando un cabo largo para coser la pieza.

Alas (haga 2)

Las alas no se trabajan en redondo, sino en hileras. Lea el patrón detenidamente.

En verde claro

Hilera 1: 5 cad., dele la vuelta.

Hilera 2: Empezando en la 2.ª cad. desde el ganchillo, 4 p. b., 4 cad., dele la vuelta.

Hilera 3: Empezando en la 2.ª cad. desde el ganchillo, 7 p. b., 1 cad., dele la vuelta.

Hilera 4: Empezando en la 2.ª cad. desde el ganchillo, 4 p. b., 4 cad., dele la vuelta.

Hilera 5: Empezando en la 2.ª cad. desde el ganchillo, 7 p. b., 3 cad., dele la vuelta.

Hilera 6: Empezando en la 2.ª cad. desde el ganchillo, 6 p. b., 4 cad., dele la vuelta.

Hilera 7: Empezando en la 2.ª cad. desde el ganchillo, 9 p. b., no haga cad. ni le dé la vuelta.

Hilera 8: p. b. alrededor de la parte superior del ala (trabajará puntos espaciados de manera uniforme a lo largo de este cordoncillo).

Remate el hilo, dejando un cabo largo para coser la pieza.

Cuernos (haga 2)

En marrón

Vuelta 1: anillo de 4 p. (4)

Vuelta 2: (1 p. b., aum.) 2 veces. (6)

Vuelta 3: (2 p. b., aum.) 2 veces. (8)

Vuelta 4: (3 p. b., aum.) 2 veces. (10)

Vueltas 5-8: p. b. (10)

Remate el hilo, dejando un cabo largo para coser la pieza.

Cola

En verde claro

Vuelta 1: anillo de 6 p. (6)

Vuelta 2: p. b. (6)

Vuelta 3: aum., 5 p. b. (7)

Vuelta 4: aum., 6 p. b. (8)

Vuelta 5: aum., 7 p. b. (9)

Vuelta 6: aum., 8 p. b. (10)

Vuelta 7: aum., 9 p. b. (11)

Vuelta 8: aum., 10 p. b. (12)

Vuelta 9: aum., 11 p. b. (13)

Vuelta 10: aum., 12 p. b. (14)

Vueltas 11-13: p. b. (14)

Remate el hilo, dejando un cabo largo para coser la pieza.

Montaje

Cierre la parte inferior de la cabeza con un sobrehilado. Rellene bien el cuerpo y cósalo a la parte inferior de la cabeza. Introduzca un poco de relleno en las patas traseras, asegurándose de que quede sobre todo en los pies; deje las patas prácticamente sin rellenar. Cosa una pata a cada lado del cuerpo, asegurándose de que el muñeco se aguanta bien en posición sentada antes de completar la costura.

Con alfileres, sujete una pata delantera a cada lado del dragón (no es necesario rellenarlas). Una vez que le convenga la posición, cósalas. Yo las coloqué entre las patas traseras para que se parecieran más a los largos brazos de los ositos de peluche. Después, rellene el hocico y cósalo entre los ojos. Cosa una oreja a cada lado de la cabeza. Rellene los cuernos y cósalos encima de la cabeza. Sujete las alas a la espalda del muñeco con alfileres y, una vez que le convenza la posición, cósalas. Por último, rellene la cola y cósala a la parte inferior de la espalda. Con las tijeras, corte los cabos sueltos de todas las piezas que ya ha cosido. ¡Y ya habrá terminado de hacer a su dragón!

GRIFO

Los grifos me tienen enamorada. ¡Son bestias tan majestuosas! Con su cabeza de águila y su cuerpo de león, representan el coraje, el orgullo, la fuerza y la elegancia. Son protectores y extremadamente leales. ¿Sabía que los grifos tienen una única pareja a lo largo de toda su vida? Según cuentan las leyendas, sus plumas pueden devolverle la vista a un ciego. ¡Fascinante! Disfrute de este patrón y no olvide, mientras lo teje, que está creando a una criatura realmente maravillosa. Una vez más, yo lo he montado al estilo de los ositos de peluche porque me parece una postura de lo más tierna.

Cabeza

En blanco

Vuelta 1: anillo de 6 p. (6)

Vuelta 2: (aum.) 6 veces. (12)

Vuelta 3: (1 p. b., aum.) 6 veces. (18)

Vuelta 4: (2 p. b., aum.) 6 veces. (24)

Vuelta 5: (3 p. b., aum.) 6 veces. (30)

Vuelta 6: (4 p. b., aum.) 6 veces. (36)

Vueltas 7-12: p. b. (36)

Vuelta 13: (5 p. b., aum.) 6 veces. (42)

Vueltas 14-16: p. b. (42)

Inserte los ojos entre las vueltas 12 y 13 dejando 7 p. entremedias. Rellene bien la cabeza mientras va haciendo disminuciones.

Vuelta 17: (5 p. b., dism.) 6 veces. (36)

Vuelta 18: (4 p. b., dism.) 6 veces. (30)

Vuelta 19: (3 p. b., dism.) 6 veces. (24)

Vuelta 20: (2 p. b., dism.) 6 veces. (18)

Vuelta 21: (1 p. b., dism.) 6 veces. (12)

Vuelta 22: (dism.) 6 veces. (6)

Remate el hilo.

Cuerpo

En marrón

Vuelta 1: anillo de 6 p. (6)

Vuelta 2: (aum.) 6 veces. (12)

Vuelta 3: (1 p. b., aum.) 6 veces. (18)

Vuelta 4: (2 p. b., aum.) 6 veces. (24)

Vuelta 5: (3 p. b., aum.) 6 veces. (30)

Vuelta 6: (4 p. b., aum.) 6 veces. (36)

Vueltas 7-9: p. b. (36)

Vuelta 10: (4 p. b., dism.) 6 veces. (30)

Vuelta 11: p. b. (30)

Vuelta 12: (3 p. b., dism.) 6 veces. (24)

Vuelta 13: p. b. (24)

Cambie al hilo blanco.

Vueltas 14 y 15: p. b. (24)

Vuelta 16: (2 p. b., dism.) 6 veces. (18)

Vuelta 17: p. b. (18)

Remate el hilo, dejando un cabo largo para coser la pieza.

Materiales

- Ganchillo de 4 mm
- 1 madeja de 198 g de hilo de grosor medio de color blanco (yo he usado Value, de Big Twist, color White)
- 1 madeja de 198 g de hilo de grosor medio de color marrón (yo he usado Super Saver, de Red Heart, color Café Latte)
- 1 madeja de 198 g de hilo de grosor medio de color dorado (yo he usado Value, de Big Twist, color Gold)
- 1 par de ojos de seguridad de 12 mm
- Relleno de fibra sintética
- Aguja de tapicería
- Alfileres para sujetar las piezas en su sitio mientras las cose y tijeras

Abreviaturas

anillo – anillo mágico

aum. – haga 2 p. b. en el mismo p. para aumentar 1 p.

cad. – cad.

dism. – disminución invisible

p. b. – punto bajo

Patas traseras (haga 2)

En marrón

Vuelta 1: anillo de 6 p. (6)

Vuelta 2: (aum.) 6 veces. (12)

Vueltas 3-14: p. b. (12)

Remate el hilo, dejando un cabo largo para coser la pieza.

(continúa)

GRIFO (CONTINUACIÓN)

Patas delanteras (haga 2)

En marrón

Vuelta 1: anillo de 6 p. (6)

Vuelta 2: (1 p. b., aum.) 3 veces. (9)

Vueltas 3-9: p. b. (9)

Cambie al hilo blanco.

Vueltas 10-15: p. b. (9)

Remate el hilo, dejando un cabo largo para coser la pieza.

Pico

En dorado

Vuelta 1: anillo de 4 p. (4)

Vuelta 2: (1 p. b., aum.) 2 veces. (6)

Vuelta 3: (2 p. b., aum.) 2 veces. (8)

Vuelta 4: (3 p. b., aum.) 2 veces. (10)

Vuelta 5: p. b. (10)

Remate el hilo, dejando un cabo largo para coser la pieza.

Cola

En marrón

Vuelta 1: anillo de 6 p. (6)

Vueltas 2-10: p. b. (6)

Remate el hilo, dejando un cabo largo para coser la pieza.

Alas (haga 2)

Las alas no se trabajan en redondo, sino en hileras. Lea el patrón detenidamente.

En marrón

Hilera 1: 5 cad., dele la vuelta.

Hilera 2: Empezando en la 2.ª cad. desde el ganchillo, 4 p. b., 4 cad., dele la vuelta.

Hilera 3: Empezando en la 2.ª cad. desde el ganchillo, 7 p. b., 1 cad., dele la vuelta.

Hilera 4: Empezando en la 2.ª cad. desde el ganchillo, 4 p. b., 4 cad., dele la vuelta.

Hilera 5: Empezando en la 2.ª cad. desde el ganchillo, 7 p. b., 3 cad., dele la vuelta.

Hilera 6: Empezando en la 2.ª cad. desde el ganchillo, 6 p. b., 4 cad., dele la vuelta.

Hilera 7: Empezando en la 2.ª cad. desde el ganchillo, 9 p. b., no haga cad. ni le dé la vuelta.

Hilera 8: p. b. alrededor de la parte superior del ala (trabajará puntos espaciados de manera uniforme a lo largo de este cordoncillo).

Remate el hilo, dejando un cabo largo para coser la pieza.

Orejas (haga 2)

En blanco

Vuelta 1: anillo de 4 p. (4)

Vuelta 2: (1 p. b., aum.) 2 veces. (6)

Vuelta 3: (2 p. b., aum.) 2 veces. (8)

Vuelta 4: (3 p. b., aum.) 2 veces. (10)

Vuelta 5: (4 p. b., aum.) 2 veces. (12)

Vueltas 6 y 7: p. b. (12)

Remate el hilo, dejando un cabo largo para coser la pieza.

Montaje

Cierre la parte inferior de la cabeza con un sobrehilado. Rellene bien el cuerpo y cósalo a la parte inferior de la cabeza. Introduzca un poco de relleno en las patas traseras, asegurándose de que quede sobre todo en los pies; deje las patas prácticamente sin rellenar. Cosa una pata a cada lado del cuerpo, asegurándose de que el muñeco se aguanta bien sentado antes de completar la costura. Con alfileres, sujete una pata delantera a cada lado del grifo (no es necesario rellenarlas) y cósalas. Yo las coloqué entre las patas traseras para que se parecieran más a los largos brazos de los ositos de peluche. Después, rellene el pico y cósalo entre los ojos. Cosa una oreja a cada lado de la cabeza y las alas a la espalda. Luego cosa la cola en la parte inferior de la espalda (no es necesario rellenarla). Con las tijeras, corte los cabos sueltos de las piezas que ya ha cosido. Por último, cosa un mechón de pelo en la punta de la cola. Para ello, yo corté 3 trozos de unos 10 cm de hilo marrón y los até en la punta con la técnica *latch hook*. Recorte el mechón de pelo a su gusto, ¡y el grifo estará terminado!

FÉNIX

«Y de las cenizas surgió el fénix». Todo el mundo conoce la leyenda del pájaro inmortal cuya reencarnación simbólica puede ser una analogía de muchas luchas personales que llevan a un crecimiento. Estas bellas criaturas representan la renovación y el renacimiento. Me encontré reflexionando sobre esto mientras diseñaba a esta majestuosa ave… Y, mientras se hacen las numerosas plumas, ¡tiempo para reflexionar no falta precisamente! Pero lo bueno lleva su tiempo, y espero que su proyecto acabado le guste tantísimo como a mí el mío.

Cabeza

En naranja

Vuelta 1: anillo de 6 p. (6)

Vuelta 2: (aum.) 6 veces. (12)

Vuelta 3: (1 p. b., aum.) 6 veces. (18)

Vuelta 4: (2 p. b., aum.) 6 veces. (24)

Vuelta 5: (3 p. b., aum.) 6 veces. (30)

Vuelta 6: (4 p. b., aum.) 6 veces. (36)

Vueltas 7-12: p. b. (36)

Vuelta 13: (5 p. b., aum.) 6 veces. (42)

Vueltas 14-16: p. b. (42)

Inserte los ojos entre las vueltas 12 y 13 dejando 7 p. entremedias. Rellene bien la cabeza mientras va haciendo disminuciones.

Vuelta 17: (5 p. b., dism.) 6 veces. (36)

Vuelta 18: (4 p. b., dism.) 6 veces. (30)

Vuelta 19: (3 p. b., dism.) 6 veces. (24)

Vuelta 20: (2 p. b., dism.) 6 veces. (18)

Vuelta 21: (1 p. b., dism.) 6 veces. (12)

Vuelta 22: (dism.) 6 veces. (6)

Remate el hilo.

Cuerpo

En naranja

Vuelta 1: anillo de 6 p. (6)

Vuelta 2: (aum.) 6 veces. (12)

Vuelta 3: (1 p. b., aum.) 6 veces. (18)

Vuelta 4: (2 p. b., aum.) 6 veces. (24)

Vuelta 5: (3 p. b., aum.) 6 veces. (30)

Vuelta 6: (4 p. b., aum.) 6 veces. (36)

Vueltas 7-9: p. b. (36)

Vuelta 10: (4 p. b., dism.) 6 veces. (30)

Vuelta 11: p. b. (30)

Vuelta 12: (3 p. b., dism.) 6 veces. (24)

Vueltas 13-15: p. b. (24)

Vuelta 16: (2 p. b., dism.) 6 veces. (18)

Vuelta 17: p. b. (18)

Remate el hilo, dejando un cabo largo para coser la pieza.

(continúa)

Materiales

- Ganchillo de 4 mm
- 1 madeja de 198 g de hilo de grosor medio de color naranja (yo he usado Soft, de Big Twist, color Orange)
- 1 madeja de 198 g de hilo de grosor medio de color dorado (yo he usado Soft, de Big Twist, color Gold)
- 1 par de ojos de seguridad de 12 mm
- Relleno de fibra sintética
- Aguja de tapicería
- Alfileres para sujetar las piezas en su sitio mientras las cose
- Tijeras
- 1 lámina de fieltro rojo
- 1 lámina de fieltro naranja
- 1 lámina de fieltro amarillo
- Pegamento Fabri-Tac o termofusible

Abreviaturas

anillo – anillo mágico

aum. – haga 2 p. b. en el mismo p. para aumentar 1 p.

dism. – disminución invisible

p. b. – punto bajo

FÉNIX (CONTINUACIÓN)

Alas (haga 2)

En naranja

Vuelta 1: anillo de 6 p. (6)

Vuelta 2: (aum.) 6 veces. (12)

Vuelta 3: (1 p. b., aum.) 6 veces. (18)

Vuelta 4: (2 p. b., aum.) 6 veces. (24)

Vuelta 5: (3 p. b., aum.) 6 veces. (30)

Vuelta 6: (4 p. b., aum.) 6 veces. (36)

Vuelta 7: (5 p. b., aum.) 6 veces. (42)

Doble la pieza por la mitad y haga p. b., atravesando ambos lados, hasta completar todo el borde redondeado del ala. (21)

Remate el hilo, dejando un cabo largo para coser la pieza.

Cola

En naranja

Vuelta 1: anillo de 4 p. (4)

Vuelta 2: (1 p. b., aum.) 2 veces. (6)

Vuelta 3: (2 p. b., aum.) 2 veces. (8)

Vuelta 4: (3 p. b., aum.) 2 veces. (10)

Vuelta 5: (4 p. b., aum.) 2 veces. (12)

Vuelta 6: (5 p. b., aum.) 2 veces. (14)

Vueltas 7-10: p. b. (14)

Remate el hilo, dejando un cabo largo para coser la pieza.

Patas (haga 2)

Comience por el primer dedo, en dorado.

Vuelta 1: anillo de 6 p. (6)

Vueltas 2 y 3: p. b. (6)

Remate el hilo.

Haga el segundo dedo.

Vuelta 1: anillo de 6 p. (6)

Vueltas 2 y 3: p. b. (6)

No remate el hilo; trabaje el p. siguiente en el primer dedo y considérelo el primero de la vuelta 4.

Vuelta 4: p. b. (12)

Vuelta 5: (dism.) 6 veces. (6)

Remate el hilo, dejando un cabo largo para coser la pieza.

Pico

En dorado

Vuelta 1: anillo de 4 p. (4)

Vuelta 2: (1 p. b., aum.) 2 veces. (6)

Vuelta 3: (2 p. b., aum.) 2 veces. (8)

Vuelta 4: (3 p. b., aum.) 2 veces. (10)

Vuelta 5: p. b. (10)

Remate el hilo, dejando un cabo largo para coser la pieza.

Penacho

En naranja

Vuelta 1: anillo de 4 p. (4)

Vuelta 2: (1 p. b., aum.) 2 veces. (6)

Vuelta 3: (2 p. b., aum.) 2 veces. (8)

Vuelta 4: (3 p. b., aum.) 2 veces. (10)

Vuelta 5: (4 p. b., aum.) 2 veces. (12)

Vueltas 6-8: p. b. (12)

Vuelta 9: (dism.) 6 veces. (6)

Remate el hilo, dejando un cabo largo para coser la pieza.

Montaje

Cierre la parte inferior de la cabeza con un sobrehilado. Rellene bien el cuerpo y cósalo a la parte inferior de la cabeza. Cierre las patas con un sobrehilado (no es necesario rellenarlas), y cósalas a la parte inferior del cuerpo, comprobando que el muñeco se aguante bien a medida que cose para evitar que quede inclinado hacia un lado. Con alfileres, sujete la cola en la parte inferior de la espalda y cósala; puede utilizarla para ayudar a que el muñeco se aguante. Rellene el pico y cósalo entre los ojos. Cosa el penacho encima de la cabeza. Con las tijeras, corte los cabos sueltos de todas las piezas que ya ha cosido.

(continúa)

FÉNIX (CONTINUACIÓN)

Ahora haremos todas las plumas que vamos a necesitar. Luego tendrá que colocar las plumas de la cola antes de coser las alas en su sitio. Primer recorte las plumas; las mías miden 2 cm x 8 mm. Necesitará 21 plumas rojas, 26 naranjas y 35 amarillas. A continuación, empiece a pegar las plumas de la cola. Yo primero puse 3 plumas rojas en la punta, luego 3 naranjas superpuestas y, por último, 5 amarillas.

Una vez pegadas todas las plumas de la cola, cosa un ala a cada lado del cuerpo. Después, corte los cabos sueltos que hayan quedado y empiece a pegar las plumas. Yo empecé haciendo una capa inferior de plumas rojas (la más alejada del cuerpo); necesité unas 6 para cubrir toda la zona inferior. A continuación, pegué las plumas naranjas superpuestas a las rojas; necesité unas 7. Por último, completé el ala pegando las plumas amarillas. Yo hice 2 capas de plumas para asegurarme de cubrir por completo el hilo naranja; necesité un total de 10 plumas. Repita este proceso en la otra ala.

Finalmente, ¡cree el penacho! Yo empecé pegando 3 plumas rojas en la punta de la parte delantera del penacho. Después, añadí una capa de plumas naranjas superpuestas a las rojas, de manera intercalada; necesité 4 plumas. Por último, hice la capa inferior de plumas amarillas; necesité 5 en total. Repita este proceso en la parte posterior del penacho y, cuando el pegamento se haya secado, ¡su fénix estará listo!

ARPÍA

Las arpías, seres mitad mujer y mitad ave, ¡son gigantescas! En la mitología, las mandan a castigar a los malvados: después de atraparlos, los llevan al lugar donde pagarán por lo que han hecho. Las arpías suelen describirse como criaturas espantosas… ¡pero ese no es mi estilo! Por eso, he diseñado una adorable versión chibi de este monstruo. Prepare el ganchillo y pronto tendrá a su disposición a un ejército de arpías listas para cumplir su voluntad. Este patrón es extremadamente versátil: las combinaciones de colores son infinitas, y puede hacer el pelo como quiera.

Cabeza

En el tono de piel deseado

Vuelta 1: anillo de 6 p. (6)

Vuelta 2: (aum.) 6 veces. (12)

Vuelta 3: (1 p. b., aum.) 6 veces. (18)

Vuelta 4: (2 p. b., aum.) 6 veces. (24)

Vuelta 5: (3 p. b., aum.) 6 veces. (30)

Vuelta 6: (4 p. b., aum.) 6 veces. (36)

Vueltas 7-15: p. b. (36)

Inserte los ojos entre las vueltas 11 y 12 dejando 6 p. entremedias. Empiece a rellenar la cabeza mientras va haciendo disminuciones.

Vuelta 16: (4 p. b., dism.) 6 veces. (30)

Vuelta 17: (3 p. b., dism.) 6 veces. (24)

Vuelta 18: (2 p. b., dism.) 6 veces. (18)

Vuelta 19: (1 p. b., dism.) 6 veces. (12)

Vuelta 20: (dism.) 6 veces. (6)

Remate el hilo.

Cuerpo

Comience por la primera pierna, en marrón.

Vuelta 1: anillo de 6 p. (6)

Vuelta 2: (aum.) 6 veces. (12)

Vueltas 3-7: p. b. (12)

Remate el hilo.

Haga la segunda pierna.

Vuelta 1: anillo de 6 p. (6)

Vuelta 2: (aum.) 6 veces. (12)

Vueltas 3-7: p. b. (12)

No remate el hilo; trabaje el p. siguiente en la primera pierna y considérelo el primero de la vuelta 8.

Vueltas 8-10: p. b. (24)

Cambie al hilo del tono de piel deseado.

Vueltas 11-15: p. b. (24)

Vuelta 16: (2 p. b., dism.) 6 veces. (18)

(continúa)

Materiales

- Ganchillo de 4 mm
- 1 madeja de 198 g de hilo de grosor medio del tono de piel deseado (yo he usado Super Saver, de Red Heart, color Buff)
- 1 madeja de 198 g de hilo de grosor medio de color marrón (yo he usado Big Idea, de Crafter's Secret, color Brown)
- 1 madeja de 198 g de hilo de grosor medio del color de pelo deseado (yo he usado Simply Soft, de Caron, color Autumn Red)
- 1 par de ojos de seguridad de 9 mm
- Relleno de fibra sintética
- Aguja de tapicería
- Alfileres para sujetar las piezas en su sitio mientras las cose
- Tijeras
- Pegamento Fabri-Tac o termofusible
- 1 lámina de fieltro del color que desee para las plumas

Abreviaturas

anillo – anillo mágico

aum. – haga 2 p. b. en el mismo p. para aumentar 1 p.

dism. – disminución invisible

p. b. – punto bajo

ARPÍA (CONTINUACIÓN)

Vuelta 17: p. b. (18)

Vuelta 18: (1 p. b., dism.) 6 veces. (12)

Remate el hilo, dejando un cabo largo para coser la pieza.

Garras (haga 6)

En marrón

Vuelta 1: anillo de 6 p. (6)

Vueltas 2 y 3: p. b. (6)

Remate el hilo, dejando un cabo largo para coser la pieza.

Alas (haga 2)

En rojo

Vuelta 1: anillo de 6 p. (6)

Vuelta 2: (aum.) 6 veces. (12)

Vuelta 3: (1 p. b., aum.) 6 veces. (18)

Vuelta 4: (2 p. b., aum.) 6 veces. (24)

Vuelta 5: (3 p. b., aum.) 6 veces. (30)

Vuelta 6: (4 p. b., aum.) 6 veces. (36)

Vuelta 7: (5 p. b., aum.) 6 veces. (42)

Vuelta 8: (6 p. b., aum.) 6 veces. (48)

Doble la pieza por la mitad y haga p. b., atravesando ambos lados, hasta completar todo el borde redondeado del ala. (24)

Remate el hilo, dejando un cabo largo para coser la pieza.

Cola

En rojo

Vuelta 1: anillo de 4 p. (4)

Vuelta 2: (1 p. b., aum.) 2 veces. (6)

Vuelta 3: (2 p. b., aum.) 2 veces. (8)

Vuelta 4: (3 p. b., aum.) 2 veces. (10)

Vuelta 5: (4 p. b., aum.) 2 veces. (12)

Vueltas 6 y 7: p. b. (12)

Remate el hilo, dejando un cabo largo para coser la pieza.

Base del pelo

En rojo

Vuelta 1: anillo de 6 p. (6)

Vuelta 2: (aum.) 6 veces. (12)

Vuelta 3: (1 p. b., aum.) 6 veces. (18)

Vuelta 4: (2 p. b., aum.) 6 veces. (24)

Vuelta 5: (3 p. b., aum.) 6 veces. (30)

Vuelta 6: (4 p. b., aum.) 6 veces. (36)

Vueltas 7-11: p. b. (36)

Remate el hilo, dejando un cabo largo para coser la pieza.

Pelo

Para hacer un cabello como el de la muñeca de la imagen, primero cosa la base del pelo encima de la cabeza. No corte el cabo suelto; lo utilizaremos para coser los «pelos». Si no es lo suficientemente largo (necesitará unos 25 cm), corte otro trozo de hilo. Pase el trozo de hilo hacia la parte delantera de la base del pelo; aquí es por donde empezaremos a añadir los «pelos».

Después, corte unos 40 trozos de hilo rojo de unos 20 cm de largo. Empiece a coser grupos de hilos a la base del pelo. Considero que lo ideal es trabajar con grupos de 4 hilos. Mantenga la línea de costura recta, ya que será la raya del pelo. Tire bien del hilo de coser cada vez que fije un grupo de «pelos», y mantenga la tensión mientras sigue con el proceso. Normalmente yo dejo de añadir grupos de hilos cuando llego a la parte posterior de la cabeza (donde los «pelos» se tendrían que unir en vertical). El último paso consiste en aplicar una línea muy fina de pegamento a cada lado de la raya para asegurarse de que los pelos no se desprenden de la costura recién creada. ¡Recuerde que un poquito de pegamento da para mucho! Aplíquelo en una línea muy fina; no queremos que se esparza por el pelo y resulte visible. Deje la cabeza en un sitio seguro mientras el pegamento se seca. De momento deje el pelo largo; ¡cortarlo será el último paso!

(continúa)

ARPÍA (CONTINUACIÓN)

Montaje

Una vez que el pegamento se haya secado, cierre la cabeza con un sobrehilado. Rellene bien el cuerpo y cósalo a la parte inferior de la cabeza. Con alfileres, sujete 2 garras en la parte delantera de cada pata y 1 en la posterior, y luego cósalas (no es necesario rellenarlas).

Cosa la cola a la parte posterior del cuerpo, a la altura del cambio de color (no es necesario rellenarla). Sujete las alas a la espalda con alfileres y cósalas. Con las tijeras, corte los cabos sueltos de las piezas que ha cosido.

A continuación, vamos a recortar hojas, muchas hojas, del fieltro del color que haya elegido (¡unas 50!). Deben medir 2 cm x 8 mm. Las utilizaremos para hacer la falda, el top, las alas y la cola. Guíese por las fotografías para saber cómo colocarlas. Yo las pegué directamente en las piezas tejidas. Tómese su tiempo y recuerde que un poquito de pegamento da para mucho.

Por último, recorte el pelo. Vaya despacio y corte trocito a trocito, porque, si se pasa, le va a costar arreglarlo. Una vez que el cabello tenga la longitud deseada, ¡habrá terminado de hacer a su arpía!

ONE-EYED, ONE-HORNED, FLYING PURPLE PEOPLE EATER

One-Eyed, One-Horned, Flying Purple People Eater… ♪♪ Cada vez que veo este diseño, me viene a la cabeza esta pegadiza canción humorística tan conocida en América del Norte. La letra, que describe a un monstruo devorador de personas de color lila con un cuerno y un ojo, habla por sí sola. Espero que disfrute de mi adaptación de esta criatura tan divertida. Me encantó poder utilizar hilos de colores más llamativos de los que suelo emplear. ¡Hacen al monstruito aún más extravagante! Si quiere darle un toque más espeluznante, use tonos más apagados de los mismos colores.

Cabeza/cuerpo

En lila

Vuelta 1: anillo de 6 p. (6)

Vuelta 2: (aum.) 6 veces. (12)

Vuelta 3: (1 p. b., aum.) 6 veces. (18)

Vuelta 4: (2 p. b., aum.) 6 veces. (24)

Vuelta 5: (3 p. b., aum.) 6 veces. (30)

Vuelta 6: (4 p. b., aum.) 6 veces. (36)

Vuelta 7: (5 p. b., aum.) 6 veces. (42)

Vuelta 8: (6 p. b., aum.) 6 veces. (48)

Vueltas 9-25: p. b. (48)

Vuelta 26: (6 p. b., dism.) 6 veces. (42)

Vuelta 27: (5 p. b., dism.) 6 veces. (36)

Recorte un círculo de fieltro blanco que mida unos 2,5 cm de diámetro, hágale una incisión en el centro e inserte el ojo de seguridad. Con esto creará el blanco del ojo. Coloque el ojo (con el círculo blanco detrás) entre las vueltas 14 y 15. Empiece a rellenar bien el cuerpo mientras sigue haciendo disminuciones.

Vuelta 28: (4 p. b., dism.) 6 veces. (30)

Vuelta 29: (3 p. b., dism.) 6 veces. (24)

Vuelta 30: (2 p. b., dism.) 6 veces. (18)

Vuelta 31: (1 p. b., dism.) 6 veces. (12)

Vuelta 32: (dism.) 6 veces. (6)

Remate el hilo.

Materiales

- Ganchillo de 4 mm
- 1 madeja de 198 g de hilo de grosor medio de color lila (yo he usado I Love This Yarn, color Neon Purple)
- 1 madeja de 198 g de hilo de grosor medio de color naranja (yo he usado Super Saver, de Red Heart, color Pumpkin)
- 1 madeja de 198 g de hilo de grosor medio de color verde (yo he usado Simply Soft, de Caron, color Neon Green)
- 1 ojo de seguridad de 18 mm
- Relleno de fibra sintética
- Aguja de tapicería
- Alfileres para sujetar las piezas en su sitio mientras las cose
- Tijeras
- 1 lámina de fieltro blanco
- 1 lámina de fieltro negro
- 1 lámina de fieltro rosa
- Pegamento Fabri-Tac o termofusible

Abreviaturas

anillo – anillo mágico

aum. – haga 2 p. b. en el mismo p. para aumentar 1 p.

cad. – cad.

dism. – disminución invisible

p. b. – punto bajo

ONE-EYED, ONE-HORNED, FLYING PURPLE PEOPLE EATER (CONTINUACIÓN)

Pies (haga 2)

Comience por el primer dedo, en lila.

Vuelta 1: anillo de 6 p. (6)

Vuelta 2: (aum.) 6 veces. (12)

Vuelta 3: p. b. (12)

Vueltas 4-7: p. b. (12)

Remate el hilo.

Haga el segundo dedo.

Vuelta 1: anillo de 6 p. (6)

Vuelta 2: (aum.) 6 veces. (12)

Vuelta 3: p. b. (12)

Vueltas 4-7: p. b. (12)

No remate el hilo; trabaje el p. siguiente en el primer dedo y considérelo el primero de la vuelta 8.

Vuelta 8: p. b. (24)

Vuelta 9: (2 p. b., dism.) 6 veces. (18)

Vuelta 10: p. b. (18)

Vuelta 11: (1 p. b., dism.) 6 veces. (12)

Empiece a rellenar bien el pie mientras sigue haciendo disminuciones.

Vueltas 12-14: p. b. (12)

Vuelta 15: (dism.) 6 veces. (6)

Remate el hilo, dejando un cabo largo para coser la pieza.

Cuerno

En naranja

Vuelta 1: anillo de 4 p. (4)

Vuelta 2: aum., 3 p. b. (5)

Vuelta 3: aum., 4 p. b. (6)

Vuelta 4: aum., 5 p. b. (7)

Vuelta 5: aum., 6 p. b. (8)

Vuelta 6: aum., 7 p. b. (9)

Vuelta 7: aum., 8 p. b. (10)

Vuelta 8: aum., 9 p. b. (11)

Vuelta 9: aum., 10 p. b. (12)

Vuelta 10: aum., 11 p. b. (13)

Vuelta 11: aum., 12 p. b. (14)

Vuelta 12: aum., 13 p. b. (15)

Vuelta 13: p. b. (15)

Remate el hilo, dejando un cabo largo para coser la pieza.

Alas (haga 2)

Las alas se trabajan en redondo, sino en hileras. Lea el patrón detenidamente.

En verde

Hilera 1: 5 cad., dele la vuelta.

Hilera 2: Empezando en la 2.ª cad. desde el ganchillo, 4 p. b., 4 cad., dele la vuelta.

Hilera 3: Empezando en la 2.ª cad. desde el ganchillo, 7 p. b., 1 cad., dele la vuelta.

Hilera 4: Empezando en la 2.ª cad. desde el ganchillo, 4 p. b., 4 cad., dele la vuelta.

Hilera 5: Empezando en la 2.ª cad. desde el ganchillo, 7 p. b., 3 cad., dele la vuelta.

Hilera 6: Empezando en la 2.ª cad. desde el ganchillo, 6 p. b., 4 cad., dele la vuelta.

Hilera 7: Empezando en la 2.ª cad. desde el ganchillo, 9 p. b., no haga cad. ni le dé la vuelta.

Hilera 8: p. b. alrededor de la parte superior del ala (trabajará puntos espaciados de manera uniforme a lo largo de este cordoncillo).

Remate el hilo, dejando un cabo largo para coser la pieza.

Montaje

Cierre la parte inferior de la cabeza/cuerpo y los pies con un sobrehilado. Con alfileres, sujete los pies debajo del cuerpo, asegurándose de que el muñeco se aguanta bien antes de coserlos. Una vez satisfecho con su posición, cóselos. Rellene el cuerno y cóselo encima de la cabeza; yo empecé a coserlo justo debajo del anillo mágico. Con alfileres, sujete un ala a cada lado del cuerpo y cósalas. Use las tijeras para cortar los cabos sueltos de las piezas cosidas. Por último, haremos la sonrisa. Primero, recorte un semicírculo de fieltro negro. El mío mide 2,5 cm de ancho y 1,75 cm de alto. Después, recorte una lengua de fieltro rosa. Queremos que el borde inferior de la lengua y el de la boca coincidan, así que use el semicírculo de fieltro como plantilla para recortar el borde inferior de la lengua. La lengua de mi muñeco mide 2,5 cm de ancho y 1,3 cm de alto. Pegue la lengua encima de la boca. Una vez seco el pegamento, pegue la boca en el centro de la cara, entre el ojo y los pies. ¡Recuerde que un poquito de pegamento da para mucho! Cuando el pegamento esté seco, ¡su monstruito estará listo para triunfar!

GÁRGOLA

Las gárgolas son impresionantes figuras talladas en piedra que adornan muchas catedrales y castillos medievales. Les hacían caras intencionadamente «grotescas» porque su función era ahuyentar a los espíritus malignos. Aunque esta gárgola tiene una apariencia muy tierna, en mi opinión su cometido sigue siendo el mismo. Una vez que la haya terminado, ¡su misión será proteger su nuevo hogar, sea cual sea!

Materiales

- Ganchillo de 4 mm
- 1 madeja de 198 g de hilo de grosor medio de color gris (yo he usado One Pound, de Caron, color Soft Grey Mix)
- 1 par de ojos de seguridad de 12 mm
- Relleno de fibra sintética
- Aguja de tapicería
- Alfileres para sujetar las piezas en su sitio mientras las cose
- Tijeras

Abreviaturas

anillo – anillo mágico

aum. – haga 2 p. b. en el mismo p. para aumentar 1 p.

cad. – cad.

dism. – disminución invisible

p. b. – punto bajo

Cabeza

Vuelta 1: anillo de 6 p. (6)

Vuelta 2: (aum.) 6 veces. (12)

Vuelta 3: (1 p. b., aum.) 6 veces. (18)

Vuelta 4: (2 p. b., aum.) 6 veces. (24)

Vuelta 5: (3 p. b., aum.) 6 veces. (30)

Vuelta 6: (4 p. b., aum.) 6 veces. (36)

Vueltas 7-12: p. b. (36)

Vuelta 13: (5 p. b., aum.) 6 veces. (42)

Vueltas 14-16: p. b. (42)

Inserte los ojos entre las vueltas 12 y 13 dejando 7 p. entremedias. Rellene bien la cabeza mientras va haciendo disminuciones.

Vuelta 17: (5 p. b., dism.) 6 veces. (36)

Vuelta 18: (4 p. b., dism.) 6 veces. (30)

Vuelta 19: (3 p. b., dism.) 6 veces. (24)

Vuelta 20: (2 p. b., dism.) 6 veces. (18)

Vuelta 21: (1 p. b., dism.) 6 veces. (12)

Vuelta 22: (dism.) 6 veces. (6)

Remate el hilo.

Cuerpo

Vuelta 1: anillo de 6 p. (6)

Vuelta 2: (aum.) 6 veces. (12)

Vuelta 3: (1 p. b., aum.) 6 veces. (18)

Vuelta 4: (2 p. b., aum.) 6 veces. (24)

Vuelta 5: (3 p. b., aum.) 6 veces. (30)

Vuelta 6: (4 p. b., aum.) 6 veces. (36)

Vueltas 7-9: p. b. (36)

Vuelta 10: (4 p. b., dism.) 6 veces. (30)

Vuelta 11: p. b. (30)

Vuelta 12: (3 p. b., dism.) 6 veces. (24)

Vueltas 13-15: p. b. (24)

Vuelta 16: (2 p. b., dism.) 6 veces. (18)

Vuelta 17: p. b. (18)

Remate el hilo, dejando un cabo largo para coser la pieza.

(continúa)

GÁRGOLA (CONTINUACIÓN)

Patas traseras (haga 2)

Vuelta 1: anillo de 6 p. (6)

Vuelta 2: (aum.) 6 veces. (12)

Vuelta 3: (1 p. b., aum.) 6 veces. (18)

Vueltas 4-8: p. b. (18)

Vuelta 9: (1 p. b., dism.) 6 veces. (12)

Vuelta 10: (dism.) 6 veces. (6)

Remate el hilo, dejando un cabo largo para coser la pieza.

Brazos (haga 2)

Vuelta 1: anillo de 6 p. (6)

Vuelta 2: (1 p. b., aum.) 3 veces. (9)

Vueltas 3-14: p. b. (9)

Remate el hilo, dejando un cabo largo para coser la pieza.

Pies (haga 2)

Vuelta 1: anillo de 6 p. (6)

Vuelta 2: (2 p. b., aum.) 2 veces. (8)

Vuelta 3: (3 p. b., aum.) 2 veces. (10)

Vuelta 4: (4 p. b., aum.) 2 veces. (12)

Vueltas 5 y 6: p. b. (12)

Vuelta 7: (1 p. b., dism.) 4 veces. (8)

Vuelta 8: (dism.) 4 veces. (4)

Remate el hilo, dejando un cabo largo para coser la pieza.

Cola

Vuelta 1: anillo de 6 p. (6)

Vueltas 2-14: p. b. (6)

Remate el hilo, dejando un cabo largo para coser la pieza.

Punta de la cola

Vuelta 1: anillo de 4 p. (4)

Vuelta 2: aum., 3 p. b. (5)

Vuelta 3: aum., 4 p. b. (6)

Vuelta 4: aum., 5 p. b. (7)

Vuelta 5: aum., 6 p. b. (8)

Vuelta 6: aum., 7 p. b. (9)

Vuelta 7: aum., 8 p. b. (10)

Vuelta 8: (dism.) 5 veces. (5)

Remate el hilo, dejando un cabo largo para coser la pieza.

Cuernos (haga 2)

Vuelta 1: anillo de 4 p. (4)

Vuelta 2: (1 p. b., aum.) 2 veces. (6)

Vuelta 3: (2 p. b., aum.) 2 veces. (8)

Vueltas 4-8: p. b. (8)

Remate el hilo, dejando un cabo largo para coser la pieza.

Orejas (haga 2)

Vuelta 1: anillo de 4 p. (4)

Vuelta 2: (1 p. b., aum.) 2 veces. (6)

Vuelta 3: (2 p. b., aum.) 2 veces. (8)

Vuelta 4: (3 p. b., aum.) 2 veces. (10)

Vuelta 5: (4 p. b., aum.) 2 veces. (12)

Vueltas 6-10: p. b. (12)

Remate el hilo, dejando un cabo largo para coser la pieza.

Alas (haga 2)

Las alas no se trabajan en redondo, sino en hileras. Lea el patrón detenidamente.

Hilera 1: 5 cad., dele la vuelta.

Hilera 2: Empezando en la 2.ª cad. desde el ganchillo, 4 p. b., 4 cad., dele la vuelta.

Hilera 3: Empezando en la 2.ª cad. desde el ganchillo, 7 p. b., 1 cad., dele la vuelta.

Hilera 4: Empezando en la 2.ª cad. desde el ganchillo, 4 p. b., 4 cad., dele la vuelta.

Hilera 5: Empezando en la 2.ª cad. desde el ganchillo, 7 p. b., 3 cad., dele la vuelta.

Hilera 6: Empezando en la 2.ª cad. desde el ganchillo, 6 p. b., 4 cad., dele la vuelta.

Hilera 7: Empezando en la 2.ª cad. desde el ganchillo, 9 p. b., no haga cad. ni le dé la vuelta.

Hilera 8: p. b. alrededor de la parte superior del ala (trabajará puntos espaciados de manera uniforme a lo largo de este cordoncillo).

Remate el hilo, dejando un cabo largo para coser la pieza.

Hocico

Vuelta 1: anillo de 6 p. (6)

Vuelta 2: (aum.) 6 veces. (12)

Vuelta 3: (1 p. b., aum.) 6 veces. (18)

Vueltas 4-6: p. b. (18)

Remate el hilo, dejando un cabo largo para coser la pieza.

Montaje

Primero, cierre la cabeza con un sobrehilado. Rellene muy bien el cuerpo y cóselo a la parte inferior de la cabeza. Rellene un poco las patas traseras; no queremos que queden como una bola porque tendremos que coser una de las «caras» pegada al cuerpo (la idea es obtener una forma ovalada plana para que parezca el muslo). Yo las rellené un poco y las aplané contra la mesa para así poder ver cómo quedará pegada a la muñeca cuando la vaya a coser. Una vez que le convenza la forma de las patas traseras, sujete una a cada lado del cuerpo con alfileres (asegúrese de que la parte inferior de cada pata esté a la misma altura que la parte inferior del cuerpo) y cósalas.

Con alfileres, sujete los pies debajo del cuerpo y cóselos (no es necesario rellenarlos). Yo los cosí de manera que el 75 % estuviera expuesto y el 25 % quedara remetido debajo de las patas, y me aseguré de que la gárgola se aguantara recta antes de completar la costura. A continuación, cosa los brazos por delante del cuerpo (no es necesario rellenarlos). Yo los cosí justo debajo del punto de unión entre la cabeza y el cuerpo y los fijé a lo largo del cuerpo. Quería que se mantuvieran quietos en lugar de sueltos.

Con alfileres, sujete el hocico en el centro de la cara y cosa un 75 % del contorno. Deténgase y rellénelo bien. Cuando esté satisfecho con la cantidad de relleno, termine de coserlo. Con alfileres, sujete una oreja a cada lado de la cabeza y cósalas (no es necesario rellenarlas). Rellene un poco los cuernos y cóselos un poco más arriba de las orejas. (Yo empecé a coser los míos a unas 4 hileras de distancia del anillo mágico de encima de la cabeza). Con alfileres, sujete las alas en el medio de la espalda y cósalas. Por último, rellene la punta de la cola y ciérrela con un sobrehilado. Use el cabo suelto para coserla en el extremo de la cola y luego cosa la cola al muñeco (no es necesario rellenarla). Con las tijeras, corte los cabos sueltos de todas las piezas que ya ha cosido. Una vez hecho esto, ¡su gárgola estará terminada!

AGRADECIMIENTOS

Antes de nada, debo dar las gracias a mi pareja, Sergio Rojo. Cuando acepté este reto, acababa de llegar a casa un perrito de ocho semanas y resultó ser un cachorro muy complicado. Hubo incontables noches en las que dormimos entre poco y nada, pero él se encargó de todo para que yo pudiera descansar, diseñar y escribir este libro. De no ser por él, no lo habría conseguido. Cabe mencionar que Sergio ha sido mi mayor fan desde que cogí un ganchillo por primera vez, y que parte de la razón por la que me gusta tanto tejer es por el entusiasmo que muestra al verme hacer amigurumis y al observar mis proyectos terminados.

En segundo lugar, quiero agradecer el gran apoyo que me han dado mis amigas de Instagram y mis queridas comprobadoras de patrones durante todo el proceso. Tuve que mantener estos diseños en secreto casi para todo el mundo, algo que me resultó especialmente duro mientras intentaba mantener la motivación, pero este increíble grupo de señoritas me ayudó a no desfallecer, ¡y eso es algo que valoro muchísimo! Las siguientes cuentas desempeñaron un arduo papel a la hora de comprobar los patrones y apoyar mis diseños: Ella de @nawtjustknots, Abby de @thatssewlacey, Priss de @autumnleavesstitches, Marisa de @monstermancrochet, Kathy de @sewkathycrochets y Gypsian de @hooksandbookscraft.

Estoy muy agradecida a Page Street Publishing por haberme ofrecido esta increíble oportunidad. Cuando empecé a experimentar con el hilo, si alguien me hubiese dicho que algún día escribiría un libro de amigurumis, ¡me hubiese echado a reír! Deseo darle las gracias especialmente a Tamara Grasty, por ver mi potencial y presentarme esta propuesta tan maravillosa. Siempre agradeceré haber podido crear este libro y aportar así mi granito de arena a la comunidad dedicada al ganchillo.

Gracias a mis amigos y familiares que han apoyado con tanto entusiasmo mi estilo de vida basado en mi obsesión por el ganchillo; hablo en serio cuando digo que los únicos momentos en los que no tejo son cuando trabajo, duermo o cuido de mis perros. ¡Aprecio mucho que me dejen hacer lo que me apetece y tanto necesito!

Un agradecimiento especial a mis abuelos, por el gran interés que mostraban cuando les enseñaba mis primeras creaciones de ganchillo; llegó un punto en el que si llevaba algo para enseñarles cuando iba a visitarlos, ¡me volvía siempre a casa con las manos vacías! Los primeros comentarios en Etsy fueron de mi abuelo y de mi tío, y siempre recordaré con cariño sus palabras. Aún ahora me acuerdo de la emoción que sentí al oír el *cha-ching* de las ventas, y casi me pongo a llorar cuando vi quién había realizado esas compras.

Fue mi madre quien me enseñó los puntos básicos la primera vez que cogí una aguja de ganchillo. Me acompañó a todas las tiendas de manualidades e impulsó mi afición por comprar hilos. Mi pareja, Sergio, protege mis hilos de nuestros perros y se pasa el tiempo sacando el polvo y pasando el aspirador para mantenerlo todo en perfecto estado; ¡y nunca se queja de que haya más hilos en esta casa de lo cualquiera podría considerar normal! Mi hermano, Nick, es quien tiene la colección más grande de amigurumis hechos por mí; le gustan todas mis creaciones. Mis amigos y mis compañeros de trabajo siempre se interesan por mis labores y vienen a visitar mi puesto en las ferias.

Por último, deseo dar las gracias a todas y cada una de las personas que haya comprado este libro o lo tenga en sus manos. Y a cualquiera que me haya apoyado de alguna manera; me siento emocionada y honrada de que alguien pueda interesarse por algo que he hecho o creado yo. Quiero que todo el mundo sepa que presto atención a todas las muestras de apoyo que recibo y que las valoro; me faltan palabras para expresar lo mucho que significan para mí.

ACERCA DE LA AUTORA

Rikki reside en Hillsboro, Oregón, donde ha vivido toda su vida. Se graduó en Química, y fue mientras estudiaba cuando cogió una aguja de ganchillo por primera vez. En 2017, un mes después de terminar sus estudios, empezó a trabajar en la industria manufacturera de tecnología. ¡Pero nunca soltó el ganchillo!

Además de su trabajo a jornada completa, Rikki tiene un negocio de ganchillo y adora asistir a convenciones para vender sus amigurumis en los espacios reservados a los artistas. ¡Fue en unas convenciones donde dos actores de doblaje de *Naruto* (Tom Gibis, alias Shikamaru, y Brian Donovan, alias Rock Lee) le compraron amigurumis!

Rikki se casó con su novio del instituto, Sergio, y actualmente crían juntos a dos cachorros: Bellamy, un pastor alemán, y Bonnie, un golden retriever. Puede seguir sus aventuras diarias en su cuenta de Instagram: @bellamy.bear.

Cuando no teje, Rikki está trabajando o corriendo detrás de su perros. Si no, casi seguro que la encontrará haciendo ganchillo. Rikki comparte diariamente sus labores en Instagram (@crochetedbyrikki) y tiene una página web (crochetedbyrikki.com). Le encantaría que compartiera sus proyectos terminados en Instagram etiquetándolos con #creaturesandcryptids para poder verlos.

ÍNDICE ALFABÉTICO